Danilo Catalano

erotismo e pornografia

A explicação do proibido

SENDAS
edições

Coordenação Editorial: Sálvio Nienkötter
Editor-Executivo: Claudecir de Oliveira Rocha
Editor-adjunto: Daniel Osiecki
Capa: Paula Villa Nova
Design editorial: Carlos Garcia Fernandes
Ilustrações: Darlan Lester, Maurizio Barraco, Wagner Chrystoph Morais
Produção: Cristiane Nienkötter
Revisão e preparação de originais: O Autor

Dados Internacionais de Catalogação na Publicação (CIP)
Angelica Ilacqua CRB-8/7057

Catalano, Danilo
Erotismo e pornografia : a explicação do proibido / Danilo Catalano. – Curitiba : Kotter Editorial, 2022.
112 p. il.

ISBN 978-65-5361-153-5

1. Erotismo 2. Pornografia I. Título

CDD 306.77

22-5663

Kotter Editorial Ltda.
Rua das Cerejeiras, 194
CEP: 82700-510 - Curitiba - PR
Tel. + 55(41) 3585-5161
www.kotter.com.br | contato@kotter.com.br

Feito o depósito legal
1ª Edição
2022

Danilo Catalano

erotismo e pornografia

A explicação do proibido

Agradeço ao meu pai, Cicero de Souza Catalano Filho
e a minha mãe, Terezinha dos Santos Espindola,
pelas correções pertinentes e necessárias a obra.

Sumário

Tabela

Ilustrações

Introdução

O presente trabalho é uma análise literária do livro mais famoso de Hilda Hilst, *Pornochic*, com o intuito de entender de que forma e para quem existe uma proibição do erotismo, assim como todas as suas vertentes em nossa sociedade.

Nos ateremos as especificidades da obra, que possam responder à questão empreendida, na qual iremos explanar para que seja um material que explique categoricamente as características, tanto artísticas quanto sociais, dos termos que iremos abordar no decorrer da pesquisa.

A obra utilizada se faz necessária por retratar de alguma maneira, de forma ampla, os costumes artísticos das criações eróticas e pornográficas e, ao mesmo tempo, terem um caráter mais regional, pois caracterizaremos geograficamente as formas como se dão estas, em relação à sexualidade na sociedade brasileira

O recorte temporal será a contemporaneidade, como estas obras se relacionam e influenciam a sociedade em que vivemos nessa segunda década do século XXI. Além disso, o pensaremos em uma perspectiva latino-americana apropriando-nos do autor clássico francês Georges Bataille, por acreditar que são suficientes para suprir a influência cultural europeia no continente americano.

Em meio as produções culturais, após a sua definição, como algo criado por influências da realidade social e cultural de determinada sociedade, teremos o cuidado de adentrarmos às dimensões eróticas e pornográficas, que se caracterizam entorno a sexualidade, pensando em como elas estão interligadas e quais são as suas formas e criações sociais na sociedade brasileira.

Explicaremos por meio de autores clássicos e brasileiros, como Georges Bataille, Michel Foucault e Antonio Candido, o motivo de termos tornado tudo que envolve o tema da sexualidade (no caso a pornografia e o erotismo), como algo a ser demonizado e excluído da sociedade, até mesmo não podendo ser falado, por ser considerado não fazer parte de nosso dia a dia.

A normalização do erotismo e do sexo serão pontos cruciais para esta análise, por isso há um capítulo dedicado apenas a suas definições teóricas. Por apropriarmos da ideia de algo negativo e marginal, no senso comum da sociedade ocidental; por, em nossas ações, sempre pensarmos neste ponto como algo a ser realizado a portas fechadas, não digo apenas do ato sexual, mas do ato de ler um livro ou qualquer outra produção cultural relacionada ao erotismo e a pornografia, não é o tipo de coisa que deixamos à mostra para que todos possam ver, e sim guardado e escondido.

Em questão, tentaremos sair do fato de a sexualidade ser algo a ser controlado por todos os sexos, ela sempre estará ligada ao corpo e a relações sociais estabelecidas, não deixaremos este ponto de lado, pois é fundamental ao falarmos de erotismo, mas, mesmo assim, vamos nos ater a pensar no fato de, até na recente sociedade, temas como erotismo e pornografia serem algo a ser falado de forma mais íntima e pessoal.

A presente obra responderá se o fato de negarmos falar de pornografia e erotismo de forma corriqueira tornou-se algo desnaturalizado em nossa sociedade, que poderá acabar sendo um movimento de dominação sexual, se o é, a quem e por quem estamos sendo ou estamos realizando, qual o motivo dela?

Nossa análise teórica literária terá como ponto central as questões pelas quais apresentaremos como as principais formadoras do poder de dominação social em relação ao sexo. Pois como percebemos, por meio de nosso senso comum, apesar de as religiões transmitirem de forma explícita a proibição de tudo relacionado ao sexo, esta proibição, este poder, está mais "normalizado" em nossa sociedade, uma normalização que transcende o poder religioso.

Além disso, não abordaremos uma explicação histórica para o sexo, erotismo e pornografia, o nosso recorte teórico, por mais que as literaturas sejam de outro século, é trazer por meio das análises, uma relação desta para com a contemporaneidade, pensando na questão tecnológica que temos hoje, abordando este fácil acesso, principalmente à pornografia com os múltiplos sites gratuitos para o seu consumo, o que pode ser, claramente uma questão para o aumento do seu consumo, vemos que é algo a ser feito entre quatro paredes.

Por ser um diferenciador para a explicação teórica dos termos, tornou-se necessário entender a sexualidade pela forma que ela existe em nossa sociedade ocidental e de que forma ela é contextualizada na realidade dos indivíduos, explicando os detalhes de sua possível proibição ou não.

O ano em que foi publicada a obra utilizada para a pesquisa, não será parâmetro, pois a ideia é pensar em sua influência contemporânea na sociedade, e como esta obra transcende e é vista pelas pessoas hoje em dia.

Tendo em vista este poder, é que buscaremos explicar como se dá essa proibição, caracterizando-o como transcendente a religião, e como esse comportamento chegou ao ponto de realizarmos essas atitudes sem pensar, pois ninguém lê um livro erótico e ouve e vê um vídeo pornográfico em público, são coisas que já estão no subconsciente social como algo "errado" e é isso que explicaremos: o motivo de ser errado e ser consciente ou inconscientemente reprimido pela sociedade de forma psicológica ou social.

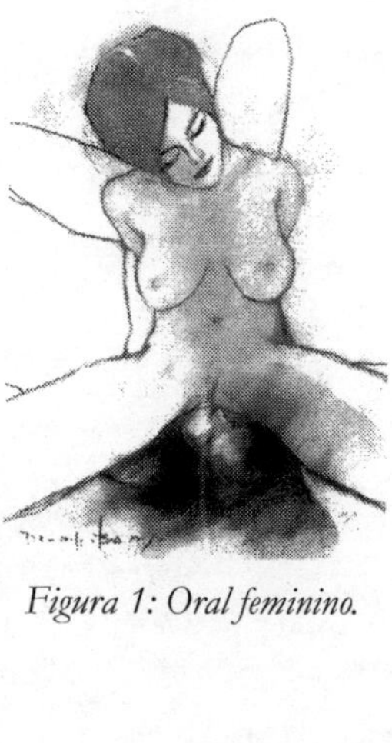

Figura 1: Oral feminino.

Para podermos contextualizar a explicação do caráter dos atos pornográficos realizados pelos indivíduos, ou quando estes se apropriam de produtos ou temas, pelos quais entenderemos que a classe social, é um ponto crucial, serem elas que distinguem que tipo de produto e sua característica, que será consumida; o que poderá ser analisando nos mínimos detalhes, por meio das especificidades da obra de Hilda Hilst em comparação com a realidade e a contemporaneidade da sociedade brasileira em meio as suas atitudes em relação a sexualidade.

É a sexualidade o ponto central, para entendermos a pornografia e o erotismo, mas não engloba somente ela, pois, como observaremos, é possível encontrar temas como o corpo, poder, liberdade, obscenidade e vulgaridade, que irão ser explicados no decorrer do livro. Será necessário, explicarmos especificamente a relação da sexualidade para com o poder, pois é o poder de coação ou de vigilância de uma parte da sociedade sobre outra, que cria mecanismos para que as práticas sejam ocultadas.

Assim, além de responder o motivo pelo qual as práticas sexuais são ocultas na sociedade brasileira, responderemos, de que forma e em que sentido ela é configurada, deixando todo o movimento de ocultação explícito, explicando e respondendo à pergunta do por que a pornografia e o erotismo são vistos como temas obscuros e muitas vezes caracterizados por termos pejorativos e excludentes.

Principais definições

Neste capítulo vamos apresentar de forma clara e acadêmica os principais conceitos a serem utilizados nesta pesquisa, pois será por meio destas definições que discorreremos ao longo desta obra.

Para definir cada um destes três conceitos base de nossa pesquisa, serão apresentadas análises de livros clássicos sobre os temas para aprofundar plenamente e completamente cada um deles, além de aproveitar textos complementares que façam com que cada um deles seja caracterizado ao contexto social brasileiro. Os autores escolhidos para a definição de cada um deles foram pesquisados de forma minuciosa, a fim de sanar todas e quaisquer dúvidas sobre as suas devidas explicações teóricas.

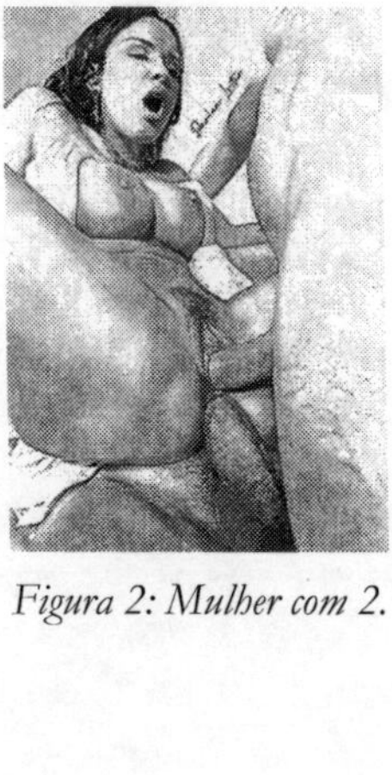

Figura 2: Mulher com 2.

É importante enfatizar que não será agregado às explicações deste capítulo ou desta obra questões como a imagem e objetificação da mulher, as religiões ocidentais, que temos sempre a ânsia e a busca de usá-las para tal explicação teórica ou o machismo patriarcal que está no âmago de nossa sociedade. Por mais que tenha a intenção de admitir que estes pontos estão diretamente ligados ao tema da pornografia e erotismo. Não teremos neste capítulo explicados a posição social da mulher ou o poder e dominação masculina sobre ela ou a caracterização da religião católica.

Explanemos sobre alguma questão de classe, se assim for necessário, para explicar as relações estabelecidas de poder na sociedade contemporânea. Entremos agora, nas explicações dos principais conceitos que englobarão toda a pesquisa desta obra.

Em nosso dia a dia, é quase algo incoerente, já está em nosso subconsciente, o ato de que há alguém "certo" para se falar de sexo, erotismo e pornografia, há lugares para se assistir e apreciar obras culturais envolvidas com este tema. "Topar falar de pornografia é ousar. Ousar invadir o espaço do proibido e violar o segredo" (LAPEIZ, MORES, p.7, 1984).

Basta mencionar algo relacionado com sexo ou sexualidade para ousar, ultrapassar a linha do "proibido e violar o segredo", como se o erotismo e a pornografia, que se relacionam diretamente ao nosso corpo, estão também relacionados com diversos conceitos literários e românticos. Acaba sendo uma ousadia falar sobre ou analisar este tipo de coisa, como se falar de algo que tem a ver com a nossa reprodução e perpetuação da espécie fosse uma ousadia, assim como é engraçado para o adolescente falar deste tema, pois para ele é como se estivesse infringindo alguma regra. Ou quando a criança pergunta de onde ela veio e é usado pelos adultos a desculpa do repolho ou da cegonha. "[...] As culturas mais diversas, tanto no oriente quanto no ocidente, vêm expressando a importante presença do sexo na vida social, ainda que buscando silenciar o discurso sexual como no ocidente cristão." (COSTA, p.215, 2008)

Pensando por um contexto histórico, diversas culturas antigas, tanto orientais como ocidentais (a conhecer a Grécia e a Índia), eram conhecidas por cultuar o sexo em suas religiões, como exemplo as estátuas esculpidas em pedra expostas em praça pública, não apresentarem uma visão de vergonha e repressão, mas de liberdade e religiosidade.

Nas sociedades pré-colombianas, nos países vizinhos, basta entrar em uma feira artesanal para encontrarmos à venda imagens indígenas de homens com seus membros sexuais enormes; isso até mesmo é exposto em museus como descobertas arqueológicas do continente. Talvez por isso os jesuítas acreditavam estar "civilizando" os indígenas.

Erotismo

A definição do erotismo é pauta transgressora dentro das artes contemporâneas, dadas e classificadas, como o ponto principal da transgressão humana aos amores e sensibilidades que carregam o ser, mas se adentrarmos nesta visão pejorativa, além de torpe, não conseguiremos adentrar ao erotismo em seu aspecto mais profundo, por isso iniciaremos com a ideia de que ele é a busca de um limite consciente ao sexo. "O erotismo pode ser definido pela procura de um limite que não há. E venturosamente lançamo-nos nessa procura (apesar de todo aparato em série que nos oferece a indústria pornográfica) portanto um ingrediente singular – nossa fantasia." (LAPEIZ, MORES, p.95, 1984)

Toda a ideia que temos do erotismo pelo senso comum, de uma visão lírica da sexualidade e do ato sexual, é um mecanismo de busca incessante dos indivíduos que acreditam que se não pensar desta forma acabará sendo uma transgressão social de sua parte. Algo que o leva, incessantemente à procura externa de algo que o ajude a inserir o erotismo em seu interior, intenção esta que consequentemente é frustrada, pois o erotismo é algo que vem de dentro. "O erotismo é um dos aspectos da vida interior do homem. Enganamo-nos quanto a isso porque ele busca incessantemente no *exterior* um objeto de desejo." (BATAILLE, p.53, 2017)

Esta maneira do erotismo ser algo que está no interior dos seres humanos, por meio de sentimentos e questões psicológicas independentes de cada indivíduo, como se fosse uma expressão sexual amorosa, romântica e dramática, o que é mais uma ilusão do que uma realidade.

Se transfere ao nosso exterior como um objeto de desejo. Por isso devemos deixar explícito, que ele não é só algo do exterior ou apenas do interior, mas é a relação entre estes dois. Ou seja, ele é o resultado da mescla de tudo que está perceptível no interior e no exterior dos seres. "[...] O erotismo do homem difere da sexualidade animal justamente por colocar em questão a vida interior. *O erotismo é, na consciência do homem, o que nele coloca o ser em questão.*" (BATAILLE, p, 53, 2017)

A vida interior está ligada ao erotismo, mas, no caso em questão, a consciência humana está transcendendo e indo além de apenas ser algo sentimental, mas sendo algo que transfere a existência do ser em sua forma mais clara de ser, que se equilibra por ser carnal. Ou seja, o corpo que está explícito no erotismo é apropriado pelos indivíduos, não só pelo ato, mas por explicitar ali sua existência, o que está em torno do ato sexual em si, pois os humanos se diferem dos outros animais por conta de seus pensamentos e sentimentos, não realiza o sexo apenas para reprodução, mas por diversos motivos que são explicitados no erotismo, que se expressa nos sentimentos românticos (internos), para com o carnal e corporal (exterior), que juntos formam uma consciência por parte dos seres humanos, que explicita a existência racional do ser. "[...] No plano do erotismo, as modificações do próprio corpo, que correspondem aos movimentos vivos que nos alvoroçam interiormente, estão elas próprias ligadas aos aspectos sedutores e surpreendentes dos corpos sexuados." (BATAILLE, p.59, 2017)

O erotismo se relaciona com a vida e a morte pelas modificações que o corpo corresponde aos seus movimentos durante a vida, com a morte — estes movimentos estariam estatizados — não são modificações corporais biológicas, mas psíquicas e no teor da sensibilidade, por estarem ligadas constantemente ao ato e a busca no olhar externamente.

É como se, por exemplo, agregando em um único ponto, o ato sexual em si, realizado pelo indivíduo, e também, em sua relação de mero observador, este pelas características artísticas, tem uma relação distante, algo como uma predominância de seus sentimentos, isso quer dizer, não há uma linguagem verbal ou uma clara objetividade em relação ao que se está observando.

Para explicarmos melhor, o erotismo é para o ser humano a relação das sensações pessoais de cada um, que não é perceptível pela fala, mas pela linguagem corporal, a demonstração dos sentimentos. "O erotismo, já o disse, é a meus olhos o desequilíbrio em que o próprio ser se coloca em questão, conscientemente. Em certo sentido, o ser se perde objetivamente, mas então o sujeito se identifica com o objeto que se perde." (BATAILLE, p.55, 2017)

A significação corporal se orienta por uma perda objetiva do indivíduo, esta perda está relacionada a questões que não são objetos concretos, mas uma transmutação dessa, quase como algo "divino" para logo entrar em algo "real", que é a sua relação corporal, seja com outro corpo ou pelo seu resultado da relação entre eles.

Adentrando ainda mais nesta relação, que se transfere como corpo e alma, ou por vida e morte, ou até nesta relação bivalente em sentimento e toque, me lembra a frase no início da obra de Valérie Tasso (2015), intitulada, *Diário de uma ninfomaníaca*, explicando que as ações, os toques dizem mais do que as palavras. O que exemplifica e explica o que estive a todo o momento tentando explicar nos mínimos detalhes de forma clara e contextual.

O corpo e os sentimentos são mais reais do que a fala. O indivíduo pode ter introjetado tudo isso e, ao discernir sua realidade e soltar isso em palavras tudo o que se perder, por exemplo, uma máquina de carne moída, a peça entra concreta e inteira e sai toda em pequenos fragmentos, que de tão pequenos podem se perder. É por esta característica que as palavras têm em sua essência, que as diferenciam.

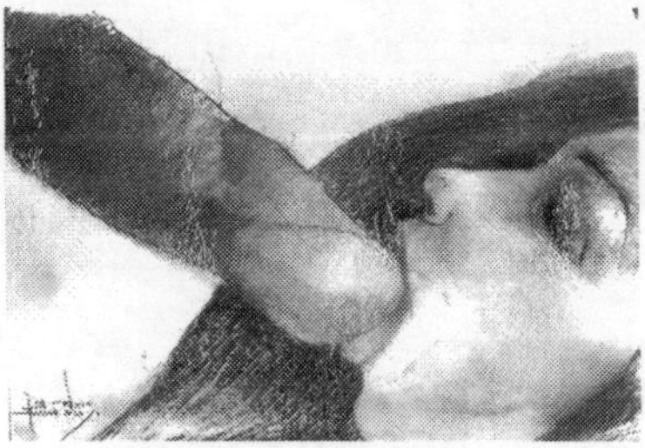

Figura 3: Mamando

Por isso Georges Bataille (2017), explica o erotismo por meio do entendimento pleno e psíquico do ser, pois são estas formas pelas quais conjuntamente o corpo, sentimentos e o psíquico se toram mais confiáveis, para o conhecimento de outro ser ou de si, (por meio do autoconhecimento), que é mais clara do que quando entendemos pelos pedaços, — pela forma de comunicação verbal, por exemplo —; para seguirmos com o exemplo da carne, é como se, por exemplo, a comunicação linguística fosse a carne moída e a corporal e sentimental, o filé mignon.

"Só conhece ao próximo e a si mesmo aquele que percebe seus sentimentos e entende o outro pelo toque". Está é a frase que me vem à cabeça quando leio os autores eróticos e que me levaram à reflexão como após ter lido o que disse Valérie Tasse (2015), e já aludimos anteriormente, pode ser um passo inicial para a conclusão do que seria o erotismo, por mostrar algo que pode se confundir com o que já comentamos, que é o romantismo e a dramaturgia, que se perde nesta definição, pois se conhecer, é uma ação tão conflitante e intensa quanto é o amor — que nos faz suficiente o mero entendimento do senso comum do que é, até porque se não iríamos nos perder da intenção desta definição —, em relação aos sentimentos individuais de cada um.

É possível se conhecer melhor pelo corpo e ações, pois, como é possível entender e se comunicar com outro indivíduo, eles têm a mesma relação no Ser, que se entende a si mesmo, com muito mais clareza.

Desta forma parece ser suficiente esta definição das produções eróticas, que se confundem como carregadas de romantismo, mas também de pornografia, por se valorizar a explicitação das coisas e do mundo, mas, mesmo assim, se difere destas características e se torna uma em sua definição, por ser o conhecimento pessoal dos indivíduos, por meio das sensações e das ações relacionados ao carnal e ao sentimental, paradoxalmente caminhando de "mãos dadas".

Poder e o corpo

Ao pensarmos em poder, nos remetemos muitas vezes para a sua definição a repressão dos aparelhos do Estado para controle da sociedade, por ser uma forma ampla e mais visível ao senso comum, sendo ela parte principal, — até mesmo — da definição do biopoder ou da biopolítica, isso porque é uma visão macrossocial, que visibiliza no "todo" a forma de organização dos indivíduos.

Figura 4: Tecnologia e a nudez.

Sempre pensamos em uma relação de poder estatal, que privilegia o Estado, como detentor, principalmente no caso de uma explicação marxista de Estado, em que ele é o detentor do poder, que apoia a burguesia, garantindo pela lei as suas propriedades, mas a definição de poder, é muito mais do que isso. "[...] Na política a coerção só seria utilizada em casos-limite, e a possibilidade de empregá-la não serviria para definir o *imperative* control." (LEBRUN, p.5, 1981)

A política tem sua forma de repressão sobre os indivíduos, que se caracteriza primordialmente para casos específicos, como por exemplo, no caso de um criminoso que rouba bancos e casas aleatórias, o Estado agiria sobre ele de forma coercitiva por meio de seu poder policial e por seu poder jurídico, após a prisão deste indivíduo. Ou seja, não é um controle contínuo, que se dissipa e dissemina por todas as pessoas, constantemente de forma ilimitada.

> [...] A este respeito, só podemos recomendar as análises de Hannah Arendt: "A distinção entre governantes e governados pertence a uma esfera que precede o domínio político, e o que distingue este da esfera econômica do lar é o fato de a cidade (*pólis*) basear-se no princípio de igualdade, não conhecendo diferenciação entre governantes e governados" (*Entre o passado e o Futuro*, p.158). (LEBRUN, p.9, 1981)

Pensando na política e na repressão do Estado, são inerentes aos indivíduos e os distingue dividindo-os como governados e governantes, ou até mesmo como civis e não civis, além de entre outras coisas. Mas no caso de haver uma cidade, não há distinção entre os seres, eles são "vistos" pelo poder sobre eles da mesma forma, sem diferenças, por um ser o governado e o outro ser o governante, sempre haverá uma "igualdade".

Como por exemplo, por mais que um governante esteja interagindo diante de atos atrozes como o do vereador Jairinho[1], que pode aos olhos da justiça e coerção do Estado ser tratado de forma diferencial, por sua posição de "foro privilegiado", que é a visão de governante de forma da ordem estatal, a população, que se solidarizou com a criança, lamentando o assassinato por causa da repercussão que se teve, mediando ao fato do autor do crime ser uma figura pública, no caso um vereador, há uma cobrança ao Estado por uma atitude mais rígida. Em

---

1 <https://noticias.uol.com.br/politica/ultimas-noticias/2021/04/21/caso-henry-camara-iniciara-processo-de-cassacao-de-jairinho-na-sexta.htm>.

uma situação parecida, com pessoas desconhecidas, o caso repercutiria bem menos, mas, mesmo assim, a vizinhança, próxima do fato ocorrido, pensaria no pai, (o Jairinho), como um "monstro" a ser julgado e preso, — muitas vezes até linchado, — por ter tido a coragem de fazer algo com uma criança sem capacidade de defesa própria.

Ocorre até mesmo esta divisão pelos olhares do governo, que por conta disso, define em duas instâncias o que será decidido após o conhecimento dos atos do vereador; ele é julgado pela comissão de ética da câmara e ao mesmo tempo, por um júri em instância civil, pois são diferentes as formas de julgar e até mesmo serão diferentes os tipos de veredito. O que, no caso, não ocorre com a visão moral que as pessoas se impõem sobre os atos aterradores dele, isso não depende de posição de classe, gênero, raça ou instância governamental.

> Em suma, o poder não é um *ser*, "alguma coisa que se adquire, se toma ou se divide, algo que se deixa escapar". É o nome atribuído a um conjunto de relações que formigam por toda à parte na espessura do corpo social (poder pedagógico, pátrio poder, poder do policial, poder do contramestre, poder do psicanalista, poder do padre, etc., etc.). (LEBRUN, p.8,1981)

É por conta do que aludimos até então, que o poder não pode ser caracterizado apenas por uma instância da ordem social, mas com diversas formas, dependendo das relações que se dão entre os indivíduos, estes que sentirão ou não estas forças invisíveis sobre eles, conforme a forma pela qual é caracterizada.

Por meio do psicológico e da identidade de cada um, particularmente nos atentaremos, principalmente pela relação de poder para com o corpo, que é uma das expressões máximas para entender a identidade de um indivíduo e para o entendimento das particularidades que este se transformou ao se inserir e protagonizar uma relação ao social. "[...] Ora, não é o consenso que faz surgir o corpo social, mas a materialidade do poder se exercendo sobre o próprio corpo dos indivíduos." (FOUCAULT, p.146, 1979)

Nesta relação de corpo e poder, tem em sua essência uma característica de domínio pessoal e individual, por meio dos novos estilos de relação, com as múltiplas propagandas que exaltam o "corpo perfeito" e as redes sociais, que nos bombardeiam com diferentes formas e tamanhos de corpos perfeitos, que muitas vezes não tem nada a ver com a realidade. É por meio desta relação do indivíduo com seu corpo, que o poder se materializa, que o torna uma relação que transcende seu caráter de identidade própria, que é por isso, que não é possível entender o poder sobre o corpo apenas pelas relações sociais estabelecidas, mas tem que haver uma mescla com as relações pessoais de identidade da consciência do próprio corpo.

> [...] O domínio, a consciência de seu próprio corpo só puderam ser adquiridos pelo efeito do investimento do corpo pelo poder: a ginástica, os exercícios, o desenvolvimento muscular, a nudez, a exaltação do belo corpo... tudo isto conduz ao desejo de seu próprio corpo através de um trabalho insistente, obstinado, meticuloso, que o poder exerceu sobre o corpo das crianças, dos soldados, sobre o corpo sadio. (FOUCAULT, p.146, 1979)

Existe uma insistência pela exaltação e desejo do próprio corpo, que além de ser enaltecido por meio de nossa sociedade capitalista mercadológica, que se apropria da busca do corpo perfeito para incentivar a venda de produtos, que constantemente são relacionados a corpos tidos como "perfeitos", também das formas diversas de corpos que em nossa sociedade contemporânea observamos como a busca pela própria perfeição, que é escolhida de acordo com a enorme variedade. O que pode ser um ponto de ruptura do nosso poder individual sobre nossos corpos. "[...] Em nome deste medo foi instaurado sobre o corpo das crianças — através das famílias, mas sem que elas fossem a sua origem — um controle, uma vigilância, uma objetivação da sexualidade com uma perseguição dos corpos." (FOUCAULT, p.146, 1979)

Em um determinado momento, a sociedade determinou que seria proibida a masturbação, por isso iniciou-se uma projeção de proibição e vigilância dos corpos por sua relação com a sexualidade. É o poder, por meio da vigilância, que se especializou no controle do corpo, para que este não tenha a livre relação entre ele mesmo, dando diversas explicações para que as pessoas, individualmente ou em grupos, não pudessem estabelecer uma relação próxima ao seu corpo, impedindo que os indivíduos conheçam a si mesmos ou aos outros pelo toque. "[...] Descobriu-se, desde então, que os controles da sexualidade podiam se atenuar e tomar outras formas..." (FOUCAULT, p. 148, 1979)

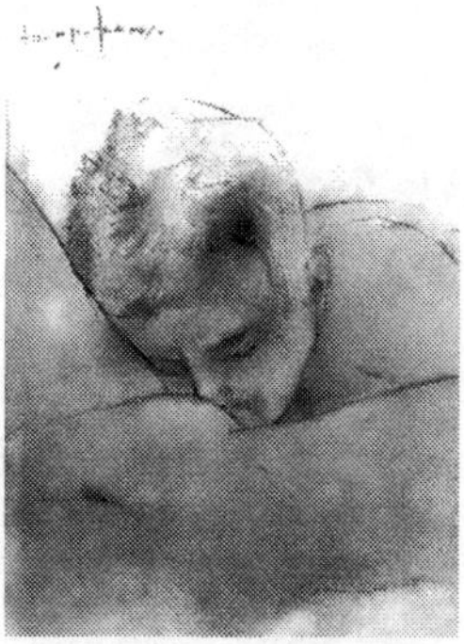

Figura 5: Oral masculino.

Foi por meio das relações de poder e sexualidade que se percebeu que elas podiam tomar outras formas, transcendendo a sua relação para com outras diversas, como por exemplo, as múltiplas formas estabelecidas com o corpo e os produtos a serem vendidos em nossa sociedade capitalista, que tornam nossos corpos mera mercadoria e que sempre estamos buscando estar de acordo com essa lógica. Mas que também estão sempre em busca de um padrão imposto pela sociedade, que se pensarmos historicamente, modificou-se com o passar dos anos, saindo de um padrão que privilegiava corpos gordos e rechonchudos para magros, ao final, para um meio termo, que prioriza os músculos, mas todos são resultado da mesma coisa, a busca por um padrão perfeito de corpo, que transcende a vigilância da sexualidade, para a do corpo saudável, que se sustenta por explicações científicas.

Os indivíduos exercem o poder em seu corpo de uma forma micro, mas a forma que deve ser realizada está escancarada pelas lojas de produtos naturais e orgânicos, além das diversas academias de musculação que esbanjam o corpo "desejado" às pessoas que acabam tendo uma baixa autoestima por não conseguirem alcançar determinado padrão, com isso, infelizmente o poder macrossocial do corpo entra em conflito. Por mais que haja transgressores, eles são difíceis de se encontrar. "[...] Neste questionamento da identidade marxismo=processo revolucionário, identidade que constituía uma espécie de dogma, o corpo é uma das peças importantes, senão essenciais." (FOUCAULT, p.147, 1979)

Para que possamos entender melhor a relação de poder e o seu conflito sobre o corpo na nossa sociedade capitalista, podemos pensar, por exemplo, em um indivíduo que tem um corpo que não está de acordo com os padrões estabelecidos, tanto pela saúde, que lhe diz que seu corpo pode lhe trazer doenças, culpando a sua relação de imagem com o seu biológico interno; ao mesmo tempo, estarão, pela lógica capitalista que comercializa produtos de emagrecimento e para a academia, constantemente fazendo este indivíduo hipotético não ter uma vontade própria. Pois, se contextualizarmos, este indivíduo não está fora do padrão por ter um corpo diferente, mas porque ele quer e gosta do corpo que tem.

O fato é que, por mais que digam que temos um poder sobre nosso corpo, que são características determinadas tanto macro e micro socialmente, constantemente vemos que o macro estabelece uma relação mais crítica, por conta de ser o ponto que configura os padrões como tal. "Ocorrendo no *entre*, o erótico fala justamente daquilo que questiona as delimitações dos corpos ao fim do próprio corpo e ao começo do outro." (CANSECO, p.114, 2022)

Me parece necessária, marcar uma relação entre o corpo e o erótico, antes de adentrarmos ao próximo tema, para que o leitor possa entender desde o início, como será contextualizada a construção de nossa reflexão, por isso entre essa relação o erótico é marcado por ser questionador, que com a sua característica de relação entre tudo que é corporal e sentimental, ele consegue demarcar o começo e o final do corpo quando está se relacionando com um outro. Ou seja, é o erotismo que mostrará ou questionará onde um corpo começa e termina para que entenda onde o do outro individuo faz o mesmo.

Assim, podemos entender que a relação de poder e corpo, passou a transcendê-la não podendo ser entendida apenas individualmente, mas por uma dialética entre a questão individual para a de grupo, que não se caracteriza, só pelo materialismo — como muitas análises marxistas a caracterizam, — mas ela é um movimento que mescla todo tipo de "coação" ou vigilância que a sociedade impõe sobre os seres humanos e que o erotismo pode acabar rompendo-a.

Pornografia

É quase impossível definir a pornografia sem trazer à luz da explicação o erotismo, por serem muito próximas em diversos âmbitos, por isso, para que seja sanada a explicação deste conceito, nos apropriamos da conceptualização dada por Byung-Chul Han (2017), de que por uma comparação religiosa, ela seria o início da profanação em relação ao sexo. Como por exemplo, quando algo é profanado em uma igreja, seja uma imagem de uma santa, este bem simbólico desta organização e deste estabelecimento, estão sendo colocados em um contexto diferente ao que se lhe originou, transpassando sua função católica. Ou se uma criança, utiliza uma tesoura para brincar, ela profanou o uso da tesoura, que tem todo um contexto social e de organização, "uma criança não deve mexer numa tesoura, é coisa de adulto", ela profanou, pois, esta ordem estabelecida foi quebrada. "A "profanação" deve suspender a repressão, à qual expõem o dispositivo teológico ou moral das coisas." (HAN, p.58, 2017)

A profanação caracterizada pelo autor, é como quando um indígena utiliza uma cruz católica como qualquer outra coisa do que a função pela qual foi feita, que carrega todo um simbolismo religioso e tem uma função estabelecida socialmente, assim como a tesoura na mão da criança. Com a pornografia não é diferente, ela marca uma ruptura da visão romântica atrelada ao amor da sexualidade para torná-la carnal, escancaradamente carnal para que as pessoas vejam tudo aquilo. Algo que eu chamaria de uma relação natural, mas que deixou de lado a romantização exagerada de coisas que são biologicamente violentas. Isso porque não há outro animal que romantize a sua sexualidade, pois um cachorro não está nem um pouco preocupado se está ereto na frente de centenas de outros cachorros, muito menos se está fornicando com sua mãe ou no meio da rua para que todos possam passar e apreciar a cena.

> [...] O amor, que hoje deve ser ainda apenas calor, intimidade e excitação agradável, está apontando para a destruição do erotismo sagrado. Também a sedução erótica, totalmente extinta na pornografia, brinca com ilusões cênicas e formas aparentes. (HAN, p. 61, 2017)

Podemos assim entender que a pornografia é uma ruptura, por assim dizer, uma profanação da sexualidade dada pela explicação romântica, dramática e amorosa ao sexo, se depara com a separação deste amor em relação ao sexo, para se tornar algo carnal que não se é perpassada por sentimentos, isso porque, mesmo não querendo, é necessário pensar na profanação de tudo aquilo que antes era erotismo; teria sido por este movimento inicial, que a pornografia começou a permear nossas vidas. Como algo escancarado que perpassa a classificação sexual em nossa sociedade capitalista para uma relação mercadológica e, também de gênero, mas esta que tentaremos abstrair, por não ser a intenção teórica desta obra, o que não exclui a sua importância reflexiva em relação aos temas abordados.

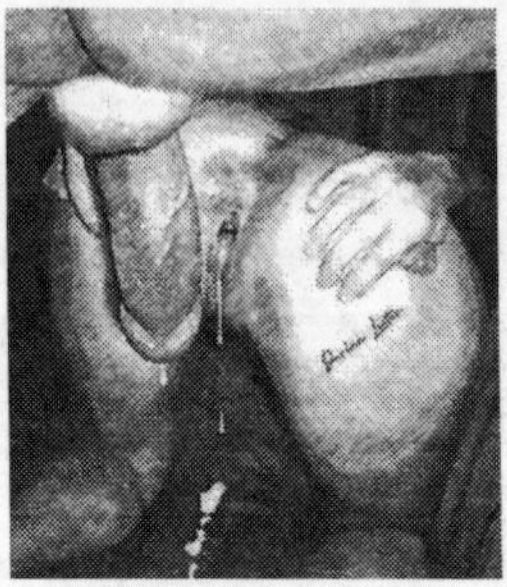

Figura 6: Sobre o gozo.

Os críticos da pornografia se utilizam do destaque das relações de gênero para demonizá-las como algo que objetifica o feminino de forma explícita, mas se pensarmos dessa forma, entraremos em uma relação mercadológica aprofundada, que perpassa a pornografia propriamente dita, para as propagandas e demais questões, além de ser um tema teórico mais específico para a camada social que conhece e vive esta realidade dia após dia em nossa sociedade machista e patriarcal.

> O problema que permanece, no entanto, é em que medida a pornografia promoveria uma representação da mulher que a reduz a seu sexo e, com tal, a objeto para o usufruto masculino. Se ampliarmos essa percepção a discursos e representações difusos no universo simbólico contemporâneo, passamos da pornografia à publicidade corrente, do mercado do sexo ao da moda, em registros e formas distintos da construção das identidades de gênero que podem ser vistos, no entanto, como conectados pelo apelo à fusão entre feminino, corpo e sexo e pela apresentação das mulheres como mercadorias. (BIROLI, p. 135, 2014)

Estamos longe de pensar ou não aceitar que, em nossa sociedade machista e patriarcal, exista uma objetificação da mulher como mercadoria, mas a ideia desta pesquisa é perpassar estas questões preconceituosas de nossa sociedade, para pensar na pornografia como algo sexual, como uma explicitação do reconhecimento do corpo; seria, por assim dizer, um outro viés das produções pornográficas, sem buscar aprofundar ao tema feminista ou machista das relações de gênero que perpassa pelo nosso mundo capitalista.

Se pensarmos na pornografia como objetificação do feminino para a dominação masculina, entraremos em uma análise composta de relações de gênero, e que faz parte da análise que propomos, pois é inegável a forma em que se dá a objetificação dos corpos na recente pornografia, principalmente em se tratando dos diversos e múltiplos sites pornográficos disponíveis digitalmente, que é mais um cardápio de corpos prontos para serem consumidos pelo tesão alheio. "O terceiro motivo é que é arbitrário escolher a mulher como ponto central na definição: não há qualquer justificação para não incluir outros sexos e gêneros, ainda que se mostre que estatisticamente há mais conteúdo pornográfico que envolve mulheres." (MIOTTO, p.113, 2012)

O importante é pensarmos que para definir a pornografia em si, é importante termos em mente, que ela é abrangente, por mais que saibamos que o sexo feminino é o que predomina em seu caráter de dominação, não podemos generalizar senão, relações homoafetivas e de objetificação masculina, não seriam classificadas como tal.

Claro que há uma relação abrangente que transcende o tema e que é de total importância para discussões acerca do tema, mas vamos nos ater a definir propriamente o que é pornografia.

A relação de corpo e sexo, como a pornografia explicita tanto esta relação carnal entre as pessoas, mas não de uma forma dramática e romântica, mas de uma maneira externa, em que só existe o seu corpo, sexo e a forma biológica de relação, havendo uma "selvageria", que nos leva a sermos relacionados aos animais.

Tornarmo-nos como os animais e conhecermos nosso corpo não é um problema ou uma volta ao mundo arcaico dos humanos. As pessoas acham que se relacionar como os demais animais é algo a se demonizar e impedir, mas isto é saudável, por isso a pornografia tem sua importância, apresenta uma selvageria entre os corpos, que já não é mais comum de se ver. Talvez seja por conta desta característica de retorno ao animalesco, ao apenas carnal e biológico, que as pessoas acabem tendo uma repulsa à pornografia.

Parece-me que a repulsa pela pornografia vai de encontro à visão pejorativa que temos dos povos indígenas, que muitas vezes pode ir de encontro com a repulsa de algo visto como uma regressão evolucional, — o que para as ciências sociais é um termo abominável desde sua caracterização teórica até seu mais próximo senso comum, — uma visão grotesca ocidental para caracterizarmos nossa própria sociedade como a superior e a mais civilizada. É este contexto e comparação, que faz com que seja um ponto da caracterização da pornografia como algo a ser excluído e posto à margem.

Isto é, o caráter animalesco, atrelado a sua ruptura de sentimentos, para algo somente carnal, são, em certa medida, características que se misturam entre si dentro da pornografia, para além de classificá-la e explicá-la, apresentar o motivo dela ser posta à margem da sociedade e ser vista com maus olhos. "[...] creio que é mais plausível seguir com a definição de que a pornografia é qualquer material sexualmente explícito, primeiramente designado a produzir excitação sexual em quem assiste." (MIOTTO, p.115, 2012)

Podemos agregar ao fato dela ser confeccionada por uma intenção, esta intenção, como tudo que andamos vendo, vem atrelada à produção de excitação ao seu público, o que acaba por dar também uma análise muito mais ampla, pois agrega às criações pornográficas a definição de arte pensada por Umberto Eco (2016), de que ela é tudo que representa o contexto social de quem a produz. Isto quer dizer que a pornografia, por ter uma intenção social, é arte, pois está diretamente ligada à do diretor que a produção, esta que dependerá de um contexto histórico, social e político, da mesma forma que qualquer outro tipo de arte, que busca um público-alvo.

É este caráter artístico da pornografia, que faz com que em uma determinada época ela seja feita de um determinado jeito, como por exemplo, em meados do século XX ou até do XIX, quando lemos determinadas obras classificadas como eróticas ou até mesmo filmes produzidos na segunda metade do século XX, eram raros os filmes produzidos com travestis ou homossexuais, assim como nas obras literárias. Ou seja, a arte tomou suas formas e reproduziu a essência de nossa recente sociedade. "[...] A invenção da "pornografia" deve-se a uma medida de ilegalizar toda a literatura ou gravura com conteúdo sexual." (COSTA, p.216, 2008)

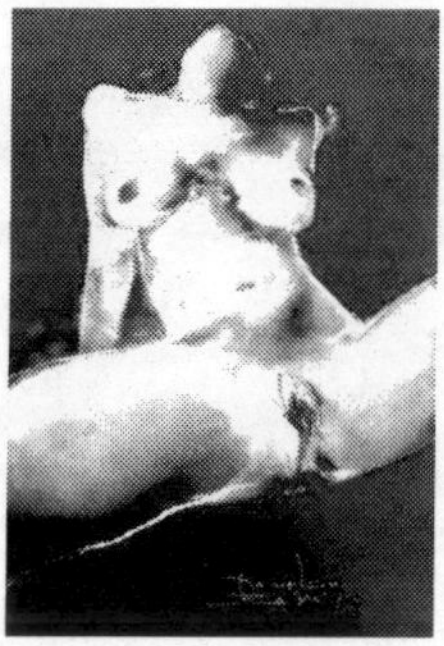

Figura 7: Nudez feminina.

Foi pelo fato das produções literárias historicamente produzidas no ocidente que se deu a ideia de pornografia, como uma ideia de algo pejorativo, pois estas produções artísticas, com textos e desenhos denunciavam os atos obscenos da nobreza e do clero na era Medieval, estas que não eram de interesse dos poderes vigentes que ficassem tão expostas, para serem algo apenas de consumo da alta realeza, acabaram se tornando um "tiro no pé", pois esta característica classista da época fez com que estas produções artísticas muito mais atraentes aos súditos. "Tal que régimen semiótico, la pornografía se descubre como un espacio por el que el cuerpo y el sexo se ponen en exhibición de forma muy particular": no es, por ello, la simple muestra de "hombre y mujeres fornicando", sino que "más bien tiene que ver con el sesgo que se impone entre el placer y el deseo." (NEYRA, p. 460, 2017)

Ao vermos imagens artísticas não basta só ver o sexo exposto dos indivíduos ou eles realizando o ato sexual de maneira direta sem "censura" ou filtros, é muito mais do que isso, é toda imagem que põem em "conflito" o desejo e o prazer, que estão, de alguma forma, em diversos outros tipos de imagem, como por exemplo, quando numa viagem ao Caribe há prazer pra quem está viajando, mas noutra perspectiva, a de quem está vendo essa viagem pelas rede sociais, ela perpassa pelo prazer e o desejo que estão interligados ao ver as imagens que o indivíduo julga serem lindas atreladas ao lugar do desejo de estar ali no mesmo momento, desfrutando da mesma coisa. Ou seja, não há no exemplo nenhuma menção a sexo, mas temos a mesma sensação de querer estar na praia que a de estarmos realizando o ato sexual quando assistimos às cenas pornográficas.

A pornografia está em todas as coisas por não ter em sua essência apenas o explícito sexual, mas também ele em outras dimensões, como nos apresenta NEYRA (2017), com o exemplo de um turista que diante de uma paisagem a toma como sua ao fotografá-la e que logo publicará nas redes sociais, ele está explicitando. Ou seja, deixará de forma explícita o momento em que se apropriou da paisagem por onde passou em sua viagem.

Este exemplo pode ser crucial para a definição de pornografia, isso porque nos descolamos veementemente da sua relação com o erotismo, o que para a sua definição clara e objetiva é fundamental. "Se trataba, así, de considerar que la pornografía tiene mucho más que ver con la circulación de las ideas que con la expresión del sexo únicamente." (NEYRA, p.455, 2017)

Por isso, devemos perpassar o caráter sexual sem deixar de mantê-lo como característica plena do conceito em questão, o que torna suficiente concluirmos que a pornografia, — por mais que tenha sido um termo nascido para tornar imagens sexuais proibidas e de uso próprio em lugares privados, dados como "adequados" para a sua prática, — é uma ruptura artística de todas as formas dramáticas, românticas, que envolviam sentimentos relacionados ao amor, para se tornar uma produção feita para gerar excitação em seu público, (para a realização de atos de manipulação sexual individual), que também tem como apresentação uma forma sem sentimentos, mas com total relação carnal e animalesca, preparada especificamente para cada indivíduo que irá apreciar e que perpassa o ato sexual propriamente dito para as formas de vida digitais que é comum em nosso dia a dia neste novo século.

Sexualidade e obscenidade

Ao longo das caracterizações anteriores, estivemos nos atendo à diferença de sexualidade para estes termos e por isso, tornou-se necessário entendermos o que seria ela em si, para poder marcar esta relação que estivemos aludindo até então. Devemos entender o ponto crucial entre elas. O ponto que ao mesmo tempo as iguala e as separa. As iguala por ser um dos principais pontos que caracterizam as mesmas como anuladas e rejeitadas socialmente. As separa ou diferencia por ser ela explicitada de maneiras diferentes em cada uma delas num contexto relacionado ao erotismo e de outra para com a pornografia.

Mas antes de entrarmos na definição da sexualidade propriamente dita, acredito que, para explicar todas as outras bases conceituais desta obra, seja pertinente falarmos rapidamente da obscenidade, algo que está contido na essência das explicações tanto da sexualidade, como da pornografia e do erotismo. "Realmente, se dermos crédito a Freud, o processo de autonomização do texto que a pornografia implica já está desencadeado na história obscena." (MAINGUENEAU, p.30, 2010)

Na história psicológica da pornografia, tivemos Sigmund Freud, que além de ter classificado a sexualidade pelos pais do indivíduo, por serem de alguma forma o único conhecimento dele perante os sexos, tanto dele mesmo quanto de seu oposto. Como se a pornografia já estivesse ligada ao obsceno, o que em certa medida podemos entender como plausível pelo caráter pornográfico sexual, mas que infelizmente não é pertinente para a análise que realizaremos, pois já dissemos que a pornografia é muito mais do que um ato obsceno ligado ao sexo, é um ato explícito da vida pessoal. "O recuo da obscenidade tradicional e a difusão massiva da pornografia estão inegavelmente ligados. Aliás, propriamente, a literatura pornográfica origina-se no universo da obscenidade." (MAINGUENEAU, p.30, 2010)

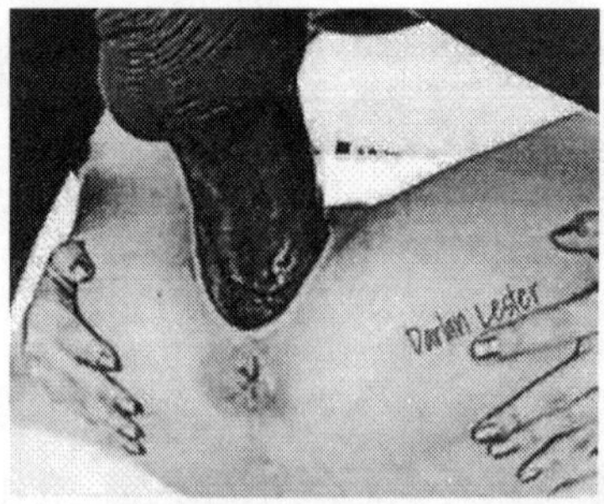

Figura 8: A penetração.

De alguma forma, pensar em uma ligação direta da obscenidade com a literatura, (expandindo ainda mais), para com as artes, não pode só ser vista e analisada desta forma, pois, por mais que os termos estejam mesclados entre si, eles também vão além da sexualidade em si. Não basta apenas entendermos a obscenidade em relação à pornografia, temos que entendê-la de forma mais ampla em um âmbito artístico e social, que se impõe de forma a descolar o obsceno do sexual.

Estou longe de dizer que não existe nada de obsceno na sexualidade, mas também, da mesma forma, estou concomitantemente longe de afirmar que elas são apenas ligadas entre si. "A obscenidade é uma maneira imemorial e universal de dizer a sexualidade." (MAINGUENEAU, p.25, 2010)

Não acredito que a obscenidade seja uma forma de pensar a sexualidade, seja de maneira universal ou não, ela e muito mais do que isso, como podemos ver no Dicionário Online de Português[2], ele é o sinônimo de indecência, algo que está próximo de algo errado, algo que é dado socialmente como fora da decência imposta. Ou seja, a obscenidade tem a mesma conotação social que a pornografia, pois uma

[2] <https://www.dicio.com.br/obscenidade/>.

obscenidade pode ser da mesma forma algo posto de forma explícita, que não se compare a sexualidade.

Como no exemplo das redes sociais, realizar um ato de violência a um animal ou a uma criança é considerado uma obscenidade por infringir a lei social estabelecida, neste caso, até uma lei jurídica. O que quero dizer aqui é que não podemos deixar apenas a análise na vaga relação com a sexualidade e mostrar que o obsceno pode ser muito mais que ela, não só pelos seus sinônimos, mas também, pela sua relação social com a vida digital das pessoas.

Algo que me chama atenção é a ideia de vulgaridade que a sociedade criou, para indicar uma característica obscena em relação à sexualidade, o que ocorre da mesma maneira com a palavra "vulgar", que como indica o dicionário digital, Dicio, "Que se refere ou pertence ao povo, à plebe; comum ou popular: língua vulgar"[3], o que chama a atenção para uma compreensão de classe, ligando o que é "errado" ou obsceno ao comum e popular, como se as únicas formas da sexualidade que deveriam ser expressas fossem as de uma elite, que acredita que as suas ações são "corretas".

A vulgaridade se configura na sexualidade como obscenidade, classificada tanto por conta do ato, quanto das diversas artes que expressam a sociedade brasileira, deixam marcada o conflito da relação classista que está na essência desta relação, assim como nos apresenta GREGORI (2016), que a diferença dos *sex shop* nos bairros de classe média alta e de classe baixa na cidade de São Paulo, em que são nítidas as diferenças de relação social, quanto dos produtos à venda.

Esta vulgaridade está tão enraizada na sociedade. Podemos até analisar a forma que se dão as diversas produções artísticas, que se caracterizam como tal, caso seja difundida nas favelas e bairros pobres de São Paulo ou do Rio de Janeiro, mas, com o passar do tempo, estas mesmas produções passam a ser admiradas e aceitas pela classe média e alta do país, deixam de ser consideradas "vulgares", para se tornarem parte da cultura e em alguns momentos, da identidade nacional. Foi assim com o samba, o rap e é o que está acontecendo com o funk, que já tomou o gosto das classes mais altas do país, com sua difusão internacional, mas em uma característica específica, em se tratando da sua variação para o funk ostentação e o conhecido como funk consciente.

[3] <https://www.dicio.com.br/vulgar/>.

Em se tratando do funk, a sua versão conhecida como "proibidão" ou "pesadão", é um exemplo interessante da relação entre vulgaridade, obscenidade e classe social, pois os espaços em que são mais difundidos este estilo, são os espaços em que há pessoas de classe mais baixa, sendo escutadas em sua maioria dentro dos "bailes de rua", que expressam a forma em que se dá a relação de gênero, classe e de trabalho, dentro destes espaços sociais. Mesmo que esse tenha sido o espaço e habitat em que o gênero musical funk brasileiro tenha nascido, ele se separou em outros estilos, permeando outras classes sociais, tornando-o aceito em outras especificidades.

A vulgaridade do funk "pesadão" está relacionada a sexualidade, muitas vezes prioritariamente masculina, como se o corpo feminino existisse para satisfazê-lo, mas isso é uma outra especificidade que retrata as relações matrimoniais e de gênero da classe social de nossa sociedade, o que vale ressaltar é que o nome proibido ou de ser pesado, está vinculado ao sexo que sua letra remete, que sobressai a possíveis identificações de melodia e composição que possam ser bem construídas e elaboradas.

Parece haver uma distinção tênue entre as definições pejorativas da obscenidade e da vulgaridade, que se interagem por meio da diferença de classe, tornando tudo que é popular, ou, por assim dizer, expressão de uma classe social baixa, é visto pela sociedade por olhos pejorativos e muitas vezes acaba sendo rejeitado veementemente, o que constata a influência da estrutura classista em nossa sociedade, para a definição do que é obsceno na sexualidade alheia ou no termo propriamente dito.

Assim, para concluirmos a definição de obscenidade que será pertinente a esta análise, é a de que ela está nas coisas explícitas tidas socialmente como imorais, como algo a ser negado, negativado pelo social, seja ela sexual ou não, algo obsceno explicita o "errado", aquilo que historicamente e psicologicamente, demos como errado, por ser simplesmente algo que torna a sexualidade o mal a ser negado, mas veremos que não é verdade, pois ela é importante para as pessoas, tanto biologicamente quanto socialmente para um entendimento e cuidado pessoal. "[...] A sexualidade primária que esses relatos mobilizam se opõe frontalmente à sexualidade, ao mesmo tempo, literária e sublimada encarnada, na mesma época, pelo amor cortês." (MAINGUENEAU, p. 26, 2010)

A sexualidade, assim com o erotismo, está contida de amor, um amor que pensamos ser cortês, mas pode ser também ligado a si mesmo, em relação ao corpo social e psicológico de um aprimoramento da identidade pessoal, que o concretiza por não só estar em algo "irreal" como os sentimentos e ideologias pessoais, mas que também está na forma em que se lida com o corpo, que por si só é algo físico e real.

Sem definirmos ainda a ideia de corpo, devemos pensar a sexualidade, primeiro como um conceito amplo em seu entendimento biológico, social, político e teórico, pois os indivíduos são sexualmente diferentes tanto na China, quanto na Índia ou nos países latino-americanos. Não só por uma análise social, mas também individual.

Por isso não podemos, antes de analisar o que seria sexualidade, negar seu âmbito universal, que o diferencia estruturalmente e, também, suas diversas características na sociedade em que vivemos não estão relacionadas à obscenidade, assim devemos buscar uma outra relação para ela.

Como nos mostrou Claude Lévi-Strauss (1982), em sua obra sobre, *As estruturas elementares do parentesco*, o sexo é sempre um tabu, o *tabu do incesto*, que em suma, é uma forma de controle e organização social dos sexos para que haja uma uniformidade entre as diversas sociedades. Pois, como ele mesmo classifica, o tabu do incesto é a própria cultura, isso porque ela organiza as sociedades de uma forma objetiva, especificando quem cuida, quem se relaciona sexualmente e quem tem o papel dentro de uma estrutura específica, por isso, há diferenças, dependendo das sociedades em questão, especificamente.

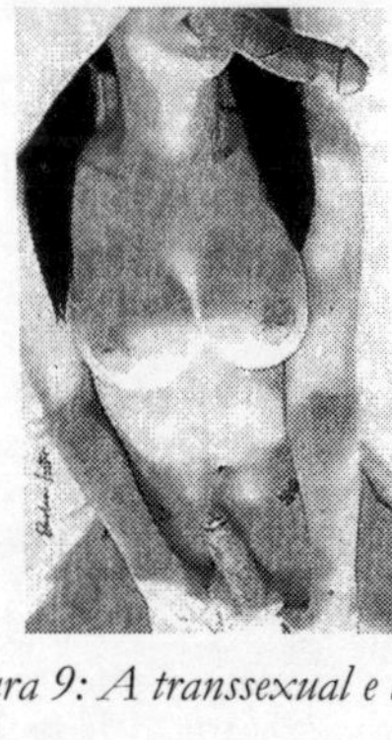

Figura 9: A transsexual e a rola.

A antropologia nos mostra que existe um controle sexual que muda dependendo das ordens estabelecidas em cada sociedade, existindo casais que têm filhos, mas quem cuida são seus parentes, outras em que estes são ordenados de formas diversas. Também há questões relacionadas ao ato sexual que se inicia com idades diferentes, como iniciar aos treze e participar de atos sexuais com pessoas diferentes, para quando estiver preparado, o indivíduo buscar o parceiro que melhor lhe agradou, diferenciando o prazer da reprodução.

Com a sociedade ocidental não é diferente, também temos o "tabu do incesto" em nossa cultura na qual, não só a religião primordial, ajudou a organizar por ter tido historicamente um papel de poder político por diversos anos mas também porque foi a ordem estabelecida que se tornou primordial nos países europeus, — base da sociedade ocidental no mundo.

Nas Américas, algo que chama a atenção sobre o contexto sexual é que era diferente na época da chegada dos colonizadores, pois diversos escritos caracterizam os pré-colombianos como "sem-vergonhas", já que andavam pelados com o corpo à mostra para todos os membros da aldeia e, no caso, até para os visitantes europeus. Um conflito cultural que se estabeleceu por conta das vestes dos europeus e da falta delas.

> [...] No domínio da vida sexual, também, encontramos neles "um quadro que corresponde quase inteiramente ao comportamento sexual do homem... tanto nas modalidades normais quanto nas manifestações mais notáveis habitualmente chamadas "anormais", porque se chocam com as convenções sociais." (LÉVI-STRAUSS, p.45, 1982)

De certa forma, como se realiza o comportamento sexual dos seres humanos atrelado à sua relação com o domínio da vida religiosa, que se configura pela relação do que é dado como padrão e do que não o é, para que desta forma, choque a forma sexual obscena com a não obscena. Ou seja, o que é sexualmente obsceno se caracteriza por não ser normal[4] à sociedade em que se configura e a sexualidade, é o que está mais habitualmente se realizando.

[4] Na forma durkheimiana.

Como, por exemplo, na sociedade ocidental, aquele casal heterossexual em que nasce uma criança, serão os pais que criarão este indivíduo, mas em outras sociedades isto é diferente e se organiza de diversas formas. Por isso, se estas "ordens" forem mudadas, a sexualidade poderá ser rejeitada, sendo até mesmo classificada como obscena por estar fora dos padrões estabelecidos.

Ao pensarmos em sexualidade é importante entendermos na diferença caracterizada pelos escritos, como com as suas "vergonhas expostas", pois, se analisarmos, é vergonha para o europeu que classificou o nu como algo a ser constantemente escondido, por mais que tenha sido a forma na qual todos nascemos. Não conheço até hoje nenhum ser humano, que tenha nascido sem estar nu, com suas "vergonhas" expostas, seja na sociedade que for.

Num contexto relacional entre as estruturas da sexualidade nas sociedades, podemos perceber que existem algumas relacionadas ao obsceno ou até mesmo ao que não deve ser exposto, isto é uma característica típica da sociedade ocidental, um tabu criado pela cultura ocidental para que tenhamos uma ordem sexualmente estabelecida.

Mesmo que estas ordens tenham sido mudadas ano após ano, pois até mesmo o *tabu do incesto* ocidental tinha como regra a relação sexual entre consanguíneos para que o sangue nobre das famílias fossem o mesmo. Mas hoje em dia, com a vinda da ciência para reforçar estas regras estabelecidas pela sociedade, não é possível nem mesmo a relação entre parentes de segundo grau, o que, por conta da sua proibição, se tornou um fetiche sexual.

> Essa fixação do dispositivo de aliança e do dispositivo de sexualidade na forma da família se tenha tornado, a certo número de fatos: que a família se tenha tornado, a partir do século XVIII, lugar obrigatório de afetos, de sentimentos, de amor; que a sexualidade tenha, como ponto privilegiado de eclosão, a família; que, por esta razão, ela nasça "incestuosa". (FOUCAULT, p.103, 1999)

De alguma forma, a sexualidade, por conta de nossa sociedade tornar a família o lugar obrigatório de sentimentos, isso em questões tanto sociais como religiosas, de que há uma obrigatoriedade em que os sentimentos mais extremos se aflorem em relação aos familiares, neste caso consanguíneos, pois parece que o parentesco biológico é mais forte do que o sentimental em nosso mundo ocidental, até no caso de um indivíduo adotado que busca inevitavelmente seus pais maternos, e na maioria das vezes acaba sofrendo uma frustração infinita. É por esta razão que a sexualidade transposta em diversos outros indivíduos que não os do matrimônio são por si só algo impensável.

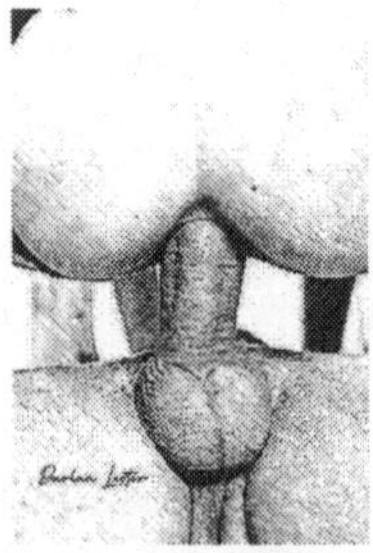

Figura 10: Anal.

> [...] Se é verdade que a "sexualidade" é o conjunto dos efeitos produzidos nos corpos, nos comportamentos, nas relações sociais, por um certo dispositivo permanente a uma tecnologia política complexa, deve-se reconhecer que esse dispositivo não funciona simetricamente lá e cá, e não produz, portanto, os mesmos efeitos. (FOUCAULT, p.120, 1999)

Por mais que possamos pensar em uma relação incestuosa por conta dos sentimentos familiares e por ser uma relação em que biologicamente está voltada aos seus consanguíneos, acredito que há na sexualidade uma relação diferente da sentimental, dos sentimentos que aprendemos a ter em nossa sociedade nas relações do que caracterizamos como família, mas há uma característica muito mais relacional do que essa, por mais que as vezes haja sentimentos, o carnal tornar-se-ia um dos principais fatores.

> [...] A sexualidade é o nome que se pode dar a um dispositivo histórico: não à realidade subterrânea que se apreende com dificuldade, mas à grande rede da superfície em que a estimulação dos corpos,

> a intensificação dos prazeres, a incitação ao discurso, a formação dos conhecimentos, o esforço dos controles e das resistências, encadeiam-se uns aos outros, segundo algumas grandes estratégias de saber e poder. (FOUCAULT, p.100, 1999)

Contemporaneamente, ao pensarmos sexualidade, sexo, sempre pensamos em relações sexuais carnais, algo que remete a uma constante convivência dos prazeres do corpo, formas que se expelem com o esperma e os múltiplos orgasmos femininos e masculinos. Chegamos a um ponto, em que o carnal, a relação do corpo, se estabelece mais forte do que a sua relação biológica, pois de certa forma ela até mesmo transcende os gêneros.

Algo que se caracteriza como um ponto fundamental para a forma da sexualidade para autoconhecimento de corpo para a identidade individual, como mostrou Stuart Hall (2006), pode ser vista pelo fetiche e pelo medo da penetração anal, em que além de se tornar um tabu, é também um desejo, tanto heterossexual, quanto homossexual.

O gosto pelo anal, tanto por parte de homens quanto mulheres, no sentido de passividade, se estabelece pelo próprio conhecimento do corpo, pois é saber claramente que gosta de uma coisa ou de outra, que é se conhecer e o extremo disso na sexualidade contemporânea se estabelece por meio do sexo anal, em que a característica do indivíduo se estabelece, se ele apenas usa o órgão excretor para tal ou para prazer próprio e não do próximo.

Podemos concluir que, pensar na sexualidade como um ponto necessário para a cultura, (não por um viés da saúde ou biologia, pois esta não se faz suficiente para a intenção desta obra em questão, mas o que não muda sua importância em nossa sociedade ocidental), ter uma organização realizada e configurada por meio do que chamamos o *tabu do incesto*, que é a própria cultura[5], ou seja, é a forma pela qual se configura a cultura das distintas sociedades, por ela ser muito mais do que apenas uma maneira de reprodução ou de se manter a existência da espécie, ela também é uma maneira de se sentir os prazeres mais carnais e corporais, que o ser humano pode sentir em toda sua existência, fazendo-o se conhecer cada vez mais e também ao próximo.

---

[5] LÉVI-STRAUSS, Claude, As estruturas elementares do parentesco. Petrópolis: Vozes, 1982.

O erotismo e sua proibição

Iremos analisar todos os pontos necessários da obra, *O caderno rosa de Lory Lambi*, para que possamos responder à pergunta principal, nos atendo a uma análise da literatura erótica brasileira, por ela estar incluída em uma coletânea que abrange três de suas principais obras do gênero em uma única.

> [...] Al hacerlo, lo que esta literatura ilumina no es sólo el carácter de un sector de la sociedad, como podría ser en el ejemplo propuesto el sector indígena-campesino, sino, y aún más agudamente, la articulación de ese espacio en el conjunto de la respectiva sociedad nacional; esto es, la totalidad concreta de una específica experiencia histórica. (POLAR, p.41)

É necessária a apropriação de uma obra artística, neste caso literária, que supra um determinado exemplo da sociedade atual e por isso uma obra como a de Hilda Hilst, devido a sua história como transcendente à sua própria época; o que contextualmente nos deixa clara sua contemporaneidade, até porque, mesmo a obra em questão, foi constantemente criticada e pouco analisada seriamente, como iremos perceber no decorrer desta análise.

Além do que, críticas à parte, esta obra (*O caderno rosa de Lory Lambi*) perpassa diversas obscenidades e proibições da sociedade, que a tornaram como "lixo" ou "sujo", uma "vergonha", em termos atuais, ou como nos apresenta o termo que iremos analisar por Roger Scruton (2016).

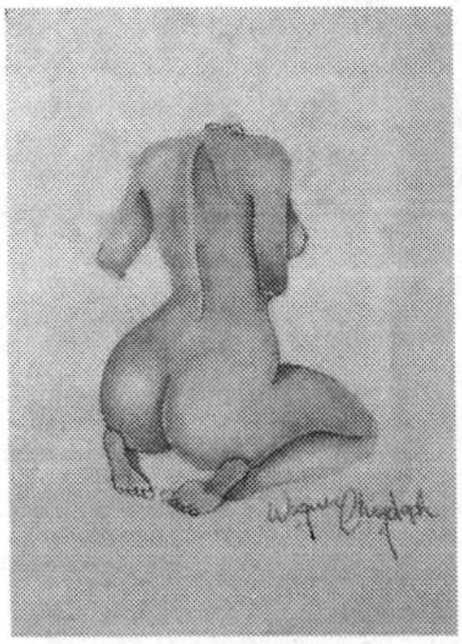

Figura 11: Busto.

Isso porque ela apresenta "descaradamente" a pedofilia, o que fez as pessoas caracterizarem como "sujo" por conta de seu olhar sobre a obra. "As ocasiões normais de vergonha são as do olhar lúdico, do gesto obsceno ou da pronunciação lasciva. Eles causam vergonha porque sujam o que, em si, não é sujo." (SCRUTON, p.204, 2016)

Ou seja, quem tornou a obra de Hilda Hilst obscena foram as pessoas que observaram e leram a obra, por isso ela se torna interessante, pois na época pela qual ela foi publicada, estarreceu os leitores e críticos, mas nos dias atuais, podemos ver artigos de revistas renomadas como a *Revista Cult* e até artigos científicos destacando esta mudança de olhares sociais, que tentam entender a fundo a discussão imposta pela autora ao invés de criar julgamentos vazios que descartam a obra sem uma mera reflexão acadêmica ou até mesmo pessoal de discursos impostos.

O que devemos compreender é que os olhares sociais mudaram e não a obra. É esta mudança que também tentaremos entender e caracterizar no decorrer desta obra. "[...] Assim, na representação literária, a distinção entre genuinamente erótico e o licencioso não é uma distinção de assunto, mas de perspectiva." (SCRUTON, p.202, 2016)

Acredito que seja o ponto em que vemos talvez uma ironia na obra de Hilda Hilst, tenha sido intencional ou não, não é ela ou os personagens que a tornam uma história erótica ou "vergonhosa", ou até mesmo "suja", mas a perspectiva de quem está lendo ela, é o leitor e o crítico que a caracterizam, por isso, não saberia dizer se foi uma intenção da autora "brincar" com esta questão, mas que é um ponto interessante, que permeará o andamento da análise, em se pensando na vida dela como uma questão importante para que, relacionado a sua intenção de sair de uma literatura nacional contemporânea de seu tempo, das estruturas estabelecidas pelo século XX (século em que viveu Hilda Hilst), para jogar com uma questão atemporal, que muda com o passar do tempo. Até porque, como comentamos, a obra antes era tida como suja, o que levou a autora até a não ser aceita e se tornar excluída da história literária brasileira e hoje em dia, esta visão mudou drasticamente.

Voltando à obra em si, ela está integrada na chamada, *Pornochic*, que por si só é um copilado feito pela Editora Globo de quatro grandes obras da autora: *O caderno rosa de Lory Lambi* (1990), *Contos d'Escárnio* (1990), *Cartas de um Sedutor* (1991) e *Bufólicas* (1992). O que faz desta análise mais rica, com pontos que possam perpassar, — por mais que tenhamos ênfase em uma única obra do copilado, — todas elas, pensando em uma unificação da obra criada pela editora. Pois de alguma forma, estas obras podem ter alguma relação estabelecida que enriqueça a análise póstuma.

Tabela 1: Obra da análise

Obra	Autores	Classificação	País
Pornochic	Hilda Hilst	Pornografia	Brasil

Fonte: Tabela criada pelo autor.

A tabela: Obra da análise, apresenta a obra literária que transcorrerá no corpo desta análise para suprir o seu objetivo principal. Para isso, foi necessário separar em quatro partes: a primeira com o nome do livro, para indicar qual será analisado; seguido do autor, que é importante, pois é através dele que saberemos de que país é a obra; este que está do lado direito da tabela.

Os termos entre erotismo e pornografia são bastante próximos e, na classificação bibliográfica, isso é levado em conta. Mesmo que o livro *Pornochic* seja classificado como uma obra pornográfica, também pode ser classificado como obra erótica.

O que vale neste momento, ao olhar de uma pessoa, é se ela é ou não uma coisa ou outra, mas como ela é classificada.

Classificações bibliográficas a parte, acredito ser mais importante para começarmos a análise e pensarmos na "vergonha" e no "sujo", conceitos que iniciamos a reflexão e que é necessário, pois apresenta que a "culpa" ou até mesmo a caracterização de algo como obsceno, (que de certa forma, integra em si, o vergonhoso e o sujo), não é o ato do sujeito que está despido ou com partes de seu corpo à mostra, mas sim aquele que está observando e caracterizando como tal, por conta de suas ideologias ou pensamentos individuais. "[...] A característica importante da obscenidade é normalmente o "estado de interesse" das partes do corpo, que dão um testemunho vibrante da excitação." (SCRUTON, p.202, 2016)

É dizer que o que torna algo obsceno é o fato de partes do corpo de um determinado indivíduo, tornar-se ponto de excitação para um outro indivíduo externo, como, por exemplo, se pensarmos em um corpo caracteristicamente feminino, perpassando anos após anos ou até mesmo se pensarmos em culturas distintas, comparando os povos pré-colombianos, em que os indígenas andavam sem suas vestes, não pensavam que era algo obsceno, foi o europeu que ao chegar no continente americano que mostrou para eles uma nova forma de pensar e de agir. Foi o olhar do europeu sobre um costume cultural dos povos da região.

Por isso, a obscenidade tem esta característica, ela é a representação de um terceiro que observa o corpo de um outro e coloca sobre ele as suas percepções e ideias individuais de sua estrutura sexual e social. Se não houver um terceiro, o ato não tem como se tornar obsceno.

Analisando o Mapa conceitual de forma minuciosa, clara e concisa, podemos caracterizar como se dão as relações entre os termos principais desta pesquisa, tendo a sexualidade como ponto central, que interage com todos os termos em questão, (pornografia, erotismo e obscenidade), mesmo que sejam de formas distintas, — como o que explanamos no capítulo anterior, — eles têm em si alguma coisa que interage com a sexualidade, que por si só está contida na obra *Pornochic*, que por outro lado, está em conjunto com os termos pornografia e erotismo.

Mapa Conceitual 1

Figura 13: Mapa conceitual 1. Fonte: Elaborado pelo autor.

Os conceitos corpo e poder também são centrais à esta análise, mas apenas para explicar o que pretendemos e não como termos contidos prioritariamente como classificadores da obra, isso porque, são termos que abrangem os movimentos dispostos no Mapa conceitual e por isso não está nele.

É por meio da sexualidade, do erotismo e da pornografia, que poderemos explanar e analisar os diversos enredos da obra de Hilda Hilst, já tendo em conta a sua mescla e a inter-relação tênue que permeará todo o contexto para a sua conclusão.

Historicamente no mundo ocidental, temas como o erotismo e a pornografia, assim como nos contextualizou as autoras, LAPEIZ, MOREZ (1984), por mais que tenham tido a sua expressão do nu nas artes plásticas italianas ou até mesmo nas artes gregas, ela só se tornou popular e reconhecida mundialmente através de autores clássicos da França, como Michel Foucault, que analisou a sexualidade, mas não escreveu literatura sobre ela; Georges Bataille, que estudou amplamente o erotismo e o inseriu em seus romances; até mesmo nomes como Simone de Beauvoir realizaram em suas obras uma relação a estes termos. Por isso escolhi obras francesas para a análise que discorreremos a seguir.

Por mais que a recente evolução tecnológica tenha tido como resultado o aumento da vida individualizada, fechada e trancada nas casas de cada um, olhando o mundo por meio das janelas e das "janelas tecnológicas", além destas, que não podemos levar de um lado para o outro, como é o caso dos computadores, também temos os celulares, instrumentos portáteis que podemos olhar o mundo através da *internet*, mesmo saindo pelo mundo real. "[...] Assim, tecnologias como a televisão, estão recheadas de imagens de conteúdo sexual e erótico, não como deflagrantes de desejo libertário do prazer do corpo com outro corpo, mas estimuladores do desejo reprimido e mudo que substitui o gozo pelo cartão de crédito. "(COSTA, p.218, 2008)

Além de tornar nossas vidas mais individuais, dentro de nossas casas, de nossas propriedades particulares, em um lugar em que podemos fazer tudo que queremos sem que ninguém veja ou dê sua opinião sobre, percebemos que nossa relação direta para com as imagens e materiais pelos quais observamos o mundo pelas telas digitais, são estimuladores sexuais, mas não de uma relação real corpo a corpo, e sim de uma relação irreal, por parâmetros digitais, que torna o "fetiche" da mercadoria explicitamente real, por transmutar o fetiche, o desejo sexual, para o desejo de compra.

Retornando ao tema sobre o qual usamos um aparelho móvel para acesso aos desejos mercadológicos digitais, — que são a transação da pornografia para uma questão mais ampla, relacionada às mercadorias e ao capitalismo, como em uma propaganda de cerveja em que o produto está diretamente ligado ao corpo feminino e à propaganda nos chega pela tela da televisão, computador e celular —, ele também é um meio de mesclar o público e o privado em um só indivíduo, direcionando a vida na cidade a uma nova caracterização. "[...] Isto estabelece também outras relações sociais que reforçam o esvaziamento dos espaços da cidade, espaços reais, substituídos por espaços virtuais mais isolado em sua moradia, reservado em uma intimidade rompida através da tela do computador e manipulada muitas vezes." (COSTA, p.218, 2008)

Esta mescla se dá pelo fato de ser possível ter um convívio público e, ao mesmo tempo que seja privado, olhar a tela do celular sem observar o que está a nossa volta. O que torna possível os atos que seriam em nossas casas para o convívio social. Mas há uma dimensão tênue entre estas duas características da vida em sociedade, como por exemplo, a partir do momento que saio de minha casa, renuncio totalmente às práticas que me fazem sentir livre em realizar em meu espaço individual, para adentrar-me no convívio público, que é regido pela moral e pelas leis, que acabam dando muitas dimensões, como no caso de sair de casa e ir para uma praça isolada ou pública ao meio do dia, sentar em um banco e começar a assistir um vídeo pornográfico em meu celular, com certeza seria autuado por atentado ao pudor ou alguma lei que reprima este tipo de atitude.

Mas, se analisarmos esta atitude, podemos pensar que isso significa que não estou infringindo diretamente o respeito a nenhum outro indivíduo e apenas ocupando o espaço individual que lhe é de direito; a diferença deste ato na praça e em sua casa é só o local em que ele está se realizando, público ou privado, pois o ato em si, nos dois lugares, é individual. O que muda é estar em um local em que há uma moral vigente como é debatido pelas autoras LAPEIZ, MOREZ (1984), como algo que não deve ser quebrado, que não está só nas leis jurídicas de um país, mas no convívio em sociedade, no psicológico de cada um, para que haja uma "ordem" no grupo.

Para pensarmos sobre uma proximidade com a definição de poder, creio ser necessário ver a "moral" como a forma em que a sociedade age para poder manter certas ordens estabelecidas, estas que são protagonizadas, por meio da vigilância dos indivíduos, por um externo ou por si mesmos.

Antes que pensemos que este exemplo poderia se encaixar em atentado ao pudor ou até mesmo no âmbito do assédio sexual, pois ao observarmos como se caracterizam estes atos, o indivíduo deveria ter que estar imaginando ou observando sexualmente algum corpo alheio real, ultrapassando a individualidade, respeito e pessoalidade de outra pessoa. No exemplo acima isso não ocorre, pois ele não está nem psicologicamente na praça, só fisicamente, seu sentimento e pensamento estão dentro de seu celular. Ou seja, está realizando um *voyeurismo* digital.

É pertinente entrarmos no *voyeurismo* digital, que perpassa a explicação no exemplo, em que o indivíduo está inserido em um contexto sexual, o que torna vaga a análise em relação à nossa definição de pornografia, pois, em certa medida, a maneira em que vivemos no século XX e agora no XXI, com diversos aparelhos tecnológicos, nos fazem viver constantemente o *voyeurismo* digital, por estarmos constantemente vendo imagens pornográficas nas redes sociais, seja por vídeos de dança ou num simples vídeo de uma criança comendo chocolate e se lambuzando. Estamos deixando à mostra, explicitando as individualidades de nossas vidas de forma constante e imparável. O explícito, — uma das principais características encontradas para a definição da pornografia, — não está só no sexual, em nossa vida cotidiana, mas em nossas postagens em redes sociais.

Desta forma, o que nos impede de realizar é a moral, a ordem estabelecida pelas instituições que são a expressão da "coação" durkheimiana[6], que analisa a lei como uma ordem da sociedade sobre os indivíduos, coagindo-os a realizar certas ações que devem ser regidas à risca, o que faz parte da autoridade das instituições, garantir a ordem através das leis. Estas leis são uma coação psicológica e social também.

Voltando ao exemplo do indivíduo sentado no banco da praça vendo um vídeo pornô e realizando um ato obsceno ou não, pensando no conceito de coação de Durkheim (1973), ele não só seria autuado pelos agentes da lei, (a polícia), mas julgado pelos indivíduos ao seu redor por diversos adjetivos pejorativos.

Transcorrendo primeiramente sobre as relações conceituais da obra literária, acredito ser pertinente comentar o que me ocorreu antes de iniciar a leitura de *Pornochic* de Hilda Hilst (2014). Diversas pessoas me informaram que ela era uma autora de livros pornográficos e explícitos, que minha obra de contos eróticos ia muito na linha de seus livros, além desta obra ser classificada como pornográfica. "A variabilidade dos critérios que julgam se uma obra é ou não é pornografia é tão grande que além da referência geral à sexualidade, pouco mais pode se dizer deles." (LAPEIZ, MORES, p.10, 1984)

Ao iniciar a leitura, claro que me choquei um pouco, pois é um livro que perpassa a questão moral, — que é um dos critérios apresentados para a definição de pornografia —, mas, mesmo assim, ao realizar uma comparação aproximada do meu livro[7] seria muito mais um livro pornográfico. Isto é, ao ler o livro de Hilda Hilst (2014), não o vejo como me haviam dito, mesmo que até a própria definição de pornografia desta obra possa ser suficiente para defini-la.

Quer dizer, que o que seria pornografia ou o que seria erótico são definições que se confundem mutuamente entre si, dependendo do indivíduo e do contexto de cada um que o absorve. Acredito que esta seja uma das principais características do caráter artístico imbuído no âmago destas definições teóricas.

---

[6] DURKHEIM, Émile, As regras do método sociológico. IN: Os pensadores XXXIII. São Paulo: Editora Abril, 1973.

[7] Livro pelo aplicativo Wattpad: Erotismo social.

Ou seja, a questão de a definição aproximada entre erotismo e pornografia de determinada obra é determinada pelo indivíduo que a percebe como tal, pois são questões tão confusas entre si, que cada pessoa dará a caracterização que melhor lhe convenha, levando em consideração sua formação religiosa e suas experiências, como no caso do exemplo da percepção atrelada às obras literárias.

No capítulo anterior, separamos os termos erotismo e pornografia para podermos suprir as suas caracterizações na íntegra, mas ao longo da pesquisa iremos confundi-los entre si devido a sua grande aproximação teórica, o que perceberemos ser praticamente impossível desmembrar na obra literária desta análise. "Você sentirá completa satisfação sexual, com prazeres infindáveis. Também pode ser chamado de "jegue", pois ele é realmente maior e melhor!" (LAPEIZ, MORES, p.98, 1984)

Uma imagem que me chama muita a atenção na obra literária é a figura do "jegue" como uma questão de virilidade masculina e violenta, pois o pênis do animal é maior do que o de um ser humano. O que seria vantajoso para o homem entrar com seu membro em buracos pequenos que se dilatariam à medida em que adentra a sua grossura e comprimento.

A cena do livro *Pornochic* na qual a figura do "jegue" aparece é aterradora e sádica, comparada a uma extrema violência física para com uma mulher e um homem, por conta da resposta a uma traição e um sofrimento do personagem que realiza o ato. Uma clara reação aos sentimentos à "flor da pele" que o personagem se encontra, que se compara a um "sadomasoquismo", pois há um desejo sexual, tanto pela mulher quanto pelo homem, ao mesmo tempo pelo "jegue", que entra na história pela necessidade de um pênis maior que o interlocutor possui.

Todo este enredo atrelado à dificuldade de se relacionar sexualmente com uma mulher, agregado ao deboche social e a necessidade masculina de ser aceita de maneira sexual, ou seja, o corpo masculino, tem socialmente, a obrigação de ser viril.

Como uma mescla de tudo no sentimento psicológico do personagem que narra a história, desencadeia em uma mistura de violência e sexo, que acaba com o sêmen do "jegue" e seu ódio se desvaindo nesta sua atitude, pois, na história toda, é o único momento em que ele de fato toma uma atitude. "Como a pornografia traz consigo o aspecto lúdico, os vídeos-games (assoladora mania atual) iniciaram a exploração desse filão com boas opções de joguinhos eróticos. (LAPEIZ, MORES, p.98, 1984)

É quase como a mesma lógica de um *videogame*, em que o personagem em primeira pessoa tem que perpassar todos os obstáculos para poder ser reconhecido, vencer cada fase e ao finalizar o jogo, o levaria ao último tesão. O momento de saída do sêmen, caracterizado como o momento máximo de excitação.

> Embora por caminhos tortuosos (na maioria das vezes os personagens vivem "amores impossíveis") todos eles aspiram a felicidade. Claro que ao seu modo, pois felicidade é sinônimo de tesão, de prazer imediato, de ascensão social pelo poder financeiro do amante, e sobretudo da conquista do que é proibido. (LAPEIZ, MORES, p.96, 1984)

A vitória, a satisfação de realização de ter penetrado e violentado aqueles que o traíram, que era seu amor mais profundo, (o caráter de desconexão do amor na pornografia), agora não existe mais amor, mas sexo regado de ódio e satisfação de vencer um jogo ou de ter vencido e deixado o casal espancado e desmaiado no chão. Final esse que espanta a Lori Lamby[8], que comenta após a história ser contada, que é muito triste; pois, triste para ela, como uma questão de perspectiva, — que a pornografia nos possibilita, — podendo também aterrorizar o leitor, com um sentimento de insatisfação, com um final que não o leva ao êxtase, mas, por assim dizer, o único que sai realizado e satisfeito da história é o próprio personagem que a conta.

O poder sobre o corpo pode ser percebido de forma explicitamente pejorativa e violenta, por meio das relações de Lori Lamby, uma criança de cinco anos, que é lambida por homens mais velhos, lambida em suas partes íntimas, — algo que, ao passar da história, vai se explicitando cada vez mais, tanto por parte dela mesma, quanto pelos atos dos homens que começam até a penetrá-la com seu órgão sexual.

Começando pela explicação de Lamby sobre os atos que os homens lhe fazem; ela diz que sua relação é muito harmoniosa e tranquila,

[8] Personagem da história analisada do livro: Pornochic.

por mais que seja extremamente sexual para com os homens mais velhos citados, pois a história está ambientada em como se estivéssemos lendo o diário pessoal de uma criança, por isso temos contato com os seus segredos mais obscuros.

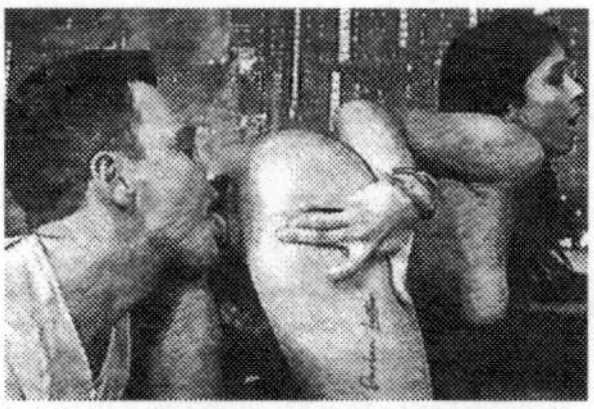

Figura 14: O oral.

Ela explicita o poder que os homens mais velhos têm sobre seu corpo, que não é vigiado por seus pais, mas dominado de forma comercial. Não acredito que seja uma forma comercial como se ela vendesse seu corpo por objetos, mas como uma troca mercadológica, em que a criança se ilude com o fato de que recebe mercadorias para ser lambida. Não acredito em uma objetificação do corpo de Lamby, já que ela não procura vender, mas faz para receber alguma coisa para ela, enfim, o ato sexual não tem relação nenhuma com o recebimento dos materiais.

O contexto do conto de Hilda Hilst (2014) é uma explicação mercadológica de como uma menina de cinco anos, que tem seu corpo dominado por homens mais velhos, consegue produtos, mercadorias de que gosta e que seus pais não lhe fornecem. O prazer e sentimentos que tem durante o sexo só são reconhecidos por ela mesma, porque a dominação masculina é realizada. Se isso não ocorresse, a menina não teria conhecimento de seu corpo aos cinco anos de idade.

É pertinente enfatizar que o conto se caracteriza por uma dominação masculina em convívio com a explicação marxista material, pois a relação dos adultos com a criança só se dá por meio material, que não se pode negar, mesmo de acordo com a lógica capitalista, não podemos esquecer que não está de acordo com a "moral" da sociedade ocidental, por conter inúmeras violações à sua ordem.

Mas deixando de lado as questões morais, — que levam o conto a ser rejeitado por boa parte da sociedade —, podemos ver que a menina, com cinco anos como relato no seu diário, conhece seu corpo em diversos âmbitos, sejam sociais, biológicos ou psicológicos. Ela entende muito bem o que seu corpo precisa e quer. Isso está muito claro quando ela se distancia do senhor que realiza os atos sexuais, pois logo após, Lamby envia uma carta para ele dizendo que foi fazer atos sexuais com um menino da sua vizinhança, que tem mais ou menos a idade dela; mas ela acha muito chato fazer com ele, pois teve que ficar ensinando como ela gosta que faça. Algo que ela não precisa fazer com os senhores que lhe dão os presentes.

Entremos no conhecimento sexual e corporal da sociedade ocidental atual, pensando quantos homens, mulheres e outros sexos, não sabem como funciona seus corpos, o que concomitantemente faz com que não conheçam a si mesmos e não tenham uma identidade estabelecida. É muito importante ter orgasmos, gozar, realizar o toque para o conhecimento próprio e do outro, como definimos o conceito de erotismo, Lori Lamby reconhece seu corpo e, ao mesmo tempo, entende e verbaliza o do menino.

O fato de a obra ter sido rejeitada até mesmo por Hilda Hilst (2014) quando declarou que seu público era restrito como uma "seita", denota a característica pornográfica que está na essência da obra, que foi o motivo de sua rejeição. O poder da moral e do controle se impuseram sobre a obra literária, porque apenas comentar e criar obras de arte sobre temas controversos e "errados" socialmente tem, como resposta, a sua rejeição social e econômica.

Como por exemplo, quando julgamos errado o desmatamento e a destruição das terras indígenas e quilombolas por parte de empresas de café brasileiro[9], nossa primeira ação social, nosso primeiro protesto, é parar de comprar as marcas relacionadas com a destruição, nosso poder pessoal julga por meio da própria moral. Por mais que tais atos possam ser aceitos e aprovados pela lei e pelo Estado, nos apropriamos de nosso poder econômico, para poder explicitar nossa insatisfação.

Existe, grosso modo, uma moral universal e uma individual, no caso da luta contra as marcas de café, em que aqueles que julgam os atos destas indústrias realizam um protesto capitalista, deixando de comprar,

[9] <https://www.cedefes.org.br/ativistas-iniciam-boicote-contra-marcas-de-cafe-ligadas-a-empresa-que-esta-por-tras-de-despejo-no-quilombo-campo-grande/>.

para que estas tenham seus lucros diminuídos, mas não é esta uma ação estatal, que caso fosse, seria feita através de restrições mais macroeconômicas ou até expulsando as fábricas do território nacional.

A rejeição das obras eróticas e pornográficas de Hilda Hilst (2014), tem a mesma relação que a do exemplo anterior das marcas de café, o que difere é sua característica macrossocial, pois tem um sentido político de ação repressiva do Estado e no caso de não comprarem ou não gostarem da autora, é uma atitude cultural, que é realizada por conta da moral estabelecida culturalmente, o que leva à rejeição imediata sem base teórica. É esta rejeição que faz do público uma espécie de "ordem secreta".

Uma ordem secreta ou uma "seita" nos remetem a um grupo de pessoas que realizam algo às escondidas do resto da sociedade, ou porque elas estão ali para fazer algo que querem que ninguém saiba ou apenas porque é algo que se deve fazer sem que todo o público saiba. No caso das obras de Hilda Hilst (2014), ela chama assim por serem poucas pessoas que liam seus livros e, ao mesmo tempo, são pessoas que não ficam alardeando publicamente que a leem, são pessoas que não se declaram serem fãs. Talvez por conta disso, ela não é uma autora tão comentada ou suas obras não são distribuídas no país, como é o caso de muitos outros, principalmente do sexo masculino.

Para muitos, pode parecer uma ousadia uma mulher escrever sobre sexualidade, pornografia e erotismo, mas esta ousadia é uma "via de dois gumes", pois o mesmo motivo pelo qual pensam ser uma ousadia, outros pensam que é uma "heresia" ou falta de respeito, isso porque as atitudes não são algo em conjunto, mas que se separam dependendo de cada indivíduo. Mesmo que estes se assemelhem em suas atitudes, não são as mesmas tomadas pelo do Estado, que não depende dos indivíduos, mas age sobre eles.

De alguma forma, penso que as atitudes dos fãs e leitores das obras de Hilda Hilst (2014) podem ser vistas de diversas formas, sejam elas pejorativas ou resultado da moral, e os indivíduos como hereges ou transgressores, — talvez chamar de transgressores seja apropriado, pois estão transgredindo a ordem, porque a ordem é uma mulher ter uma posição submissa, mas também focando em suas produções artísticas, tanto ela quanto quem lê as obras estão transgredindo a lei da sociedade ocidental de que tudo que tenha a ver com sexualidade deve ser explicitado dentro de um lugar privado, dentro de suas casas. — Que se situam por uma relação conflitante com os indivíduos garantidores da moral social, que agem de diversas formas para impor o poder da lei através de um conflito muito maior do que realmente é, o que Émile Durkheim (1973) chamou de "coação".

A coação, para Émile Durkheim (1973), é a forma pela qual a sociedade reage, toma suas ações para que a ordem estabelecida pelas leis seja realizada pelos indivíduos que a compõem. Estas que são controladas pelas instituições do Estado e, muitas vezes, por agentes policiais que garantem não só a lei, mas uma ordem social que se difere dependendo da sociedade. Por mais que esta definição seja extremamente concisa, ela é suficiente para entendermos o que chamamos de poder social.

O "poder social", como usaremos ao longo desta análise, significa as diversas formas contemporâneas de repressão da massa sobre um indivíduo, como uma forma evoluída de coação social, que não é só uma relação para manter a ordem social de determinada sociedade, mas também uma forma repressiva e violenta de impor um poder. Quando vão contra ela, chamaremos estes indivíduos de transgressores.

Me remete ao livro *Néstor Batanero,* de Guillermo Valdivia Carpio (2011), que retrata a vida de um homem que vive da renda da venda de seu corpo, sendo um trabalhador sexual, o que não venho comentar para iniciar uma discussão de gênero extremamente necessária da utilização mercadológica e laboral do corpo masculino e feminino, mas da sua utilização em si, tentando minimamente responder à questão: quem domina o corpo quando este é vendido como mercadoria?

Ao mesmo tempo, acredito ser pertinente pensarmos na venda do corpo, trazendo de volta a discussão se Lori Lamby está vendendo seu corpo, o que no caso não ocorre, pois ela não faz com esta intenção, o que é bem diferente de Néstor Batanero, que vende seu corpo, tornando-o uma mercadoria, já que sua relação com o sexo estabelece uma relação de troca capitalista por meio do dinheiro. Ela não troca o corpo por sexo, mas sim realiza o ato e recebe um prêmio, assim como o bom aluno que se dedica aos estudos apenas visando a recompensa oferecida pelo colégio ou quando seus alunos conquistam uma vaga em universidades renomadas.

O ato de vender um bem como o corpo, na visão marxista de trabalho, serve como análise para todas as suas formas no mundo capitalista. Entenderemos estes termos por uma forma psicológica, aproximando-a ao sexo, para que possamos entender a relação que nos apresenta Néstor Batanero da masculinidade para com o corpo. Uma relação que ao ser vendido tal corpo, haverá diversas visões pejorativas com o intuito de realizar um "poder social", — claro que este poder será mais intenso no caso de ser uma mulher, — escrachando e taxando o trabalho sexual como algo imoral para a sociedade e não como um trabalho como todos os outros.

Assim como a pornografia não é algo apenas sexual, o trabalho não é só algo assexual. O que quero dizer é que como a pornografia pode ser um conceito amplo, que analisa nossa vida contemporânea, o trabalho também tem a mesma característica. A rejeição por dizer que o sexo também pode ser um trabalho é o mesmo dos livros de Hilda Hilst (2014), que não podem ser vendidos.

Não é o ato em si de vender o corpo que faz com que uma pessoa seja violentada, mas o contexto social da sociedade na qual este indivíduo está inserido. Isso quer dizer que, mesmo que pensemos que a culpa é da própria pessoa, nos isentando da culpa, isso não é verdade, porque o movimento que ocorre, é que o poder e a moral agem sobre este indivíduo, por meio de visões pejorativas, que reprimem esta pessoa. Ou seja, o ato de vender o próprio corpo para a relação sexual só é algo errado por conta da sociedade em que o indivíduo está inserido.

Uma violência só ocorre quando há um conflito entre duas ou mais pessoas, assim como nos apresenta Byung-chul Han (2017), que não depende de nenhuma relação física, ela pode ter qualquer outro molde, como verbal e visual, tomando a forma que melhor é para o contexto em que é protagonizada. Um indivíduo que tem um trabalho sexual, (neste caso um homem), está sujeito, na nossa sociedade, a diversas ações de violência contra ele.

O trabalho sexual não é visto por uma sociedade capitalista moralmente como trabalho legalizado, sendo até tratado pelo Estado como algo a ser vigiado e punido pela lei, o que é uma total incoerência, pois o mundo capitalista preza o trabalho e os trabalhadores não são vistos pejorativamente, mas quando é sexual, acaba sendo visto e tratado pior do que o próprio ócio. Talvez essa seja uma das muitas incoerências irracionais de nosso mundo capitalista.

Mas, questões marxistas a parte, o trabalho sexual é um transgressor por se apropriar da sexualidade para o mundo capitalista, sendo um transgressor duas vezes, porque no mundo capitalista, vendemos nosso corpo para a força de trabalho para um burguês, já no caso da venda do corpo sexual é como se explicitasse, escancarasse ao povo a lógica perversa do nosso mundo e como tudo que é ruim, e que nós rejeitamos, nosso subconsciente o rejeita da forma mais violenta que encontra.

Sabemos que alguns países da Europa[10] chegaram a proibir a prostituição por conta da escravização sexual, que é uma forma de obtenção de lucro capital por meio do domínio do corpo do outro, o que é imoral, pois é a escravidão em sua mais pura existência, a dominação do corpo biológico, transformando-o em outra coisa, um objeto. "Os defensores do modelo nórdico afirmam que quem vende seu corpo nunca o faz livremente – ao invés de ser uma escolha, seria uma imposição feita por redes de tráfico ou exploração sexual, ou pela pressão da pobreza ou de outro tipo de desigualdade." (SAHUQUILLO, 2016)

Muitos defensores de uma proibição estatal e jurídica da prostituição o fazem com a convicção de que ela nunca é intencional e sempre uma coação ao próximo, assim como na Europa, onde as pessoas só fariam por uma pressão externa, nunca por uma escolha pessoal, o que pode ser plausível pensando na realidade de nosso mundo capitalista. Mas esta explicação é muito vaga, pois não responde no caso da pessoa ter outras escolhas e mesmo assim ter se tornado prostituta/prostituto, como é o caso de Néstor Batanero e mais famosa no Brasil, Bruna Surfistinha. Mesmo que muitas pessoas tentem explicar seu caso, por outros motivos, tentam relacionar a uma questão de supremacia patriarcal. "Os valores se referem a prostitutas vítimas do tráfico internacional e incluem, além dos ganhos dos intermediários com a imigração ilegal, o rendimento obtido a partir da prostituição propriamente dita. O problema é essencialmente feminino: 98% das vítimas são mulheres." (WEBER, 2005)

Não podemos negar que em cifras de tráfico internacional de corpo para a prostituição é bem maior entre mulheres do que entre homens

---

10 <https://brasil.elpais.com/brasil/2016/04/07/internacional/1460050306_463588.html>.

e não podemos negar que isso ocorre por conta de nossa sociedade patriarcal e machista, que impõe o sexo feminino não só como objeto, mas como nascidas para a necessidade masculina. Mas neste contexto, a relação social é primordialmente entre a mulher e o seu "patrão" que tem controle total do seu corpo. Não cabe a nós, nesta obra, defender ou não a prostituição, mas apresentar o fato de em que momento ou contexto o poder está inserido nestas relações, seja por tráfico ou por decisão meramente individual.

Mas, mais uma vez, a supremacia patriarcal é outra explicação que não é suficiente, pois Néstor Batanero é um personagem masculino, ele já está nessa posição superior de nossa sociedade patriarcal.

Para entendermos melhor sobre a minha explanação, sempre e quando há o tráfico de pessoas para a prostituição, o corpo estará sujeito ao seu "dono", é comparável à relação de escravidão em que o corpo chega a subtrair sua existência ao ponto que a identidade de quem o carrega não existe mais e só para o seu senhor, no caso da prostituição de seu "cafetão". Forma essa que não ocorre no caso da venda do corpo por escolha própria, que pode ser uma relação de poder de quem o vende para quem o contrata, assim como é a lógica da troca de trabalho por dinheiro na nossa sociedade capitalista.

No caso de Néstor Batanero, é um homem vendendo seu corpo para poder ter uma renda e uma vida neste mundo capitalista. O que pela característica machista de nossa sociedade, além das cifras de tráfico e de prostituição entre mulheres ser maior, sempre pensamos em prostituição relacionada a mulheres, nunca a homens.

A venda do corpo em nossa sociedade é uma forma de dominação de si próprio para usufruo das lógicas capitalistas de nossa sociedade para benefício próprio. A maior expressão de liberdade, por mostrar ao resto da sociedade, que o corpo é da pessoa e ela faz o que ela quiser, até usá-lo de forma sexual para poder se superar no mundo em que vivemos. Talvez por isso, quando pesquisamos sobre o tema, sempre há uma visão pejorativa, além de encontrarmos apenas visões negativas sobre este trabalho, também não encontramos nada que fosse benéfico para quem o exerce.

Há uma linha muito tênue entre a prostituição e as produções artísticas pornográficas ou eróticas, uma linha tão fina quanto um fio de cabelo, isso porque, a visão pejorativa e negativa deste trabalho existe pelo mesmo motivo que as produções são rejeitadas. O que muda é a forma que a sociedade age para negá-las, talvez por conta da proibição imposta historicamente pelo clero e a nobreza, por ser uma arte e trabalho que tinham o mesmo resultado, explicitar tudo aquilo que queriam que estivesse oculto para a plebe.

Uma prostituta na Idade Média sabia todos os segredos dos nobres e até mesmo de membros do clero, pessoas que desejavam ter seus segredos mais obscuros ocultados eram um livro aberto quando se sentavam nas camas dos bordéis, tratando-a quase como uma sala de terapia.

Até mesmo o próprio personagem Néstor Batanero descobre muito sobre os seus clientes, por isso, ele não só vê como uma oportunidade de negócios ir para o palácio presidencial peruano trabalhar para uma funcionária do alto escalão, ele também vê a oportunidade de saber sobre os bastidores da política nacional de seu país, saber se tudo que a mídia diz sobre o presidente e seus empregados é real ou se há algo ocultado a "sete chaves".

Figura 15: Dentro da trans.

Esta proibição existe porque, em um determinado momento, o corpo foi algo para a história a ser escondido, a ser coberto por amontados de lã e diversos tecidos, pois estar nu é algo a se rejeitar, como se não nascêssemos nus e nem fosse algo "natural" da natureza animalesca de nosso mundo. Até por isso colocamos roupa em nossos animais de estimação, pois eles não podem sair nus, eles têm que estar vestidos.

Se existe esta rejeição pela nudez, imagine se estes corpos começam a interagir entre si, é como se a perversão social se explicitasse de forma escancarada para todos os membros da sociedade. Hoje em dia, com a lei do atentado ao pudor, a realização de atos sexuais e a nudez são punidos não só pelo incômodo social, mas pelas regras e imposições jurídicas do Estado.

Podemos perceber, que sempre que uma lei, estabelecida por meio do consenso de todos os indivíduos que compõe a sociedade, é infringida, o Estado e a justiça interferem através da repressão e coerção social sobre a ação, que além de ser proibida e vigiada de forma social, ainda é reforçada pelo político e jurídico.

A transcendência desta proibição realizada em dose dupla é caracterizada pela obra *Pornochic*, em que os personagens escrevem diversas cartas para as suas amadas. Cartas que, além da pessoa contar os acontecimentos de suas vidas, enquanto estão distantes, também acrescenta o relato do desejo sexual, com as descrições detalhadas, explicitando como eles desejariam realizá-las, desejo pelo corpo do próximo escancarado nas cartas.

Devemos analisar as cartas em comparação com as mensagens rápidas dos aplicativos, que contemporaneamente são mais comuns quando falamos sobre os bate-papos entre pessoas que se gostam e quando se veem, realizam o ato sexual. Essas pessoas, quando estão longe, acabarão falando sobre o que gostam em sua intimidade. Não há por que falar com alguém que não conhece, são questões pessoais e caso sejam comentadas, por algum outro contexto social, esta pode não ser aceita.

Acredito ser pertinente pensarmos sobre o que faz parte de nossa intimidade, o que leva e quais as consequências sociais no caso destas coisas serem explanadas de forma transparente e explícita. O primeiro que iríamos pensar é que seria uma falta de respeito com a mulher no caso de uma relação heterossexual, mas no caso de uma relação homossexual, o desrespeito acrescentaria a diversas outras coisas, que podem ser percebidas, caso não haja ainda esta intimidade entre o casal, o que é provável de se pensar é que na troca de imagens sexualizadas, nos dois casos, se não solicitada, acabará sendo elevada a importunação sexual ou ao assédio sexual.

O contexto das cartas e de *WhatsApp* se transmuta a uma relação mais concreta, a uma conversa do casal em um local público com uns amigos (seja o casal que for), sem especificação de gênero ou de orientação sexual, mesmo sabendo que é quase impossível um contexto como este em uma realidade social, — mas é apenas uma suposição, para um melhor entendimento do que estamos explanando, — se eles falarem de sexo, alguns pontos ainda serão rejeitados, como por exemplo, o desconforto do tema pelos amigos, não sabendo como reagir e podendo até comentar que foi uma falta de respeito com o que falou para seu "amor'.

A moral se estabelece nesse sentido, enviar cartas com questões sexuais, ou conversar entre si sobre, é algo comum e interessante para a relação entre os indivíduos, sendo até importante para estreitar seus laços amorosos; mas, aqui, tentaremos entender por que há uma linha limite para isso, um limite dado pela sociedade e a sua estrutura estabelecida culturalmente.

Não acredito ser pertinente responder à questão colocada apenas por uma explicação religiosa ou histórica, pois não é totalmente completa para entendermos o que nos fez continuar com esta coerção, por mais que as mudanças digitais tenham feito com que a pornografia[11] estivesse sendo realizada no nosso dia a dia. Há uma leve ironia neste movimento, pois rejeitamos, imaginamos algo pejorativo quando pensamos em pornografia, mas estamos constantemente sendo bombardeados por ela.

Como por exemplo, uma pessoa que tira foto do seu dia a dia, deixando exposto nas redes sociais todas as coisas que faz em seu cotidiano, com explicações em vídeo e *lives* realizando seu serviço doméstico. Esta pessoa, muito provavelmente, terá diversos seguidores e nenhum deles terá um julgamento pejorativo sobre as suas postagens. O que muda totalmente no caso de uma pessoa que posta vídeos dela dançando, fotos de roupa íntima e fala abertamente sobre sexo. Esta pessoa com certeza acabará sendo assediada por indivíduos com sua masculinidade frágil e machismo exacerbado e, ao mesmo tempo, será vista por julgamentos e conclusões pejorativas. Para iniciarmos a resposta sobre as cartas, o que importa não é se algo é erótico ou pornográfico, mas a forma em que estas são apresentadas.

Outro exemplo que se faz pertinente é, um exemplo meramente estético, se pensarmos no *Youtube* e no *Redtube*, suas estéticas de *sites* são

[11] Pelo termo empregado como todo tipo de e escancarar as coisas transcendendo o mero pensamento de que é algo sexual.

similares entre si, a única coisa que se modifica, assim como o exemplo anterior, é o conteúdo dos vídeos, um é sexual e o outro não, mas sua proximidade é tênue além de ser mínima.

Por isso, talvez o entendimento destes termos (pornografia e erotismo) tenha se tornado em meio a massa social como termos pejorativos e não por um entendimento teórico deles de forma clara; se entendermos este movimento, poderemos começar a entender o motivo pelo qual normalmente, não há explicações que vão além das que estamos propondo, pois parece haver uma aceitação de que sejam termos pejorativos que devem ser rejeitados.

Antes de analisarmos os aspectos da obra, *Sexy*, acredito ser pertinente falarmos sobre o autor Andrés Salgado[12], que convive com uma aproximação às produções artísticas audiovisuais tanto sexuais quanto novelescas dramáticas; um colombiano, que além de se aventurar por escrever livros, é roteirista e criou suas obras com a problemática de ser explícito e ao mesmo tempo reflexivo.

A mídia colombiana expressou como uma ousadia as obras publicadas por Andrés Salgado, um tipo de mudança na forma de se escrever uma história que é coberta de sexo, mas ao mesmo tempo com discussões pertinentes sobre a sexualidade. O que ele mesmo coloca nos pensamentos e reflexões de seus personagens, assim como na obra em que iremos analisar, é que Katia, a personagem principal, uma mulher bonita para os padrões sociais, foge de casa e se vê com necessidades, perpassando todas as questões pessoais de sua vida, tentando procurar, mesmo sendo uma prostituta, que a ame realmente, mas que ao final acaba lamentando essa sua vida. "[...] Y que tanta represión y pobreza en el sentir sexual tenía que ver con la maldita religión y sus falos vestidos de sonata y a una negación hipócrita del gozo, bañada en culpa y dolor." (SALGADO, p. 142, 2016)

O sentimento sexual é negado, até mesmo em bordéis, — agregamos novamente à discussão da prostituição, — pois o dono de um bordel não se preocupa com a personalidade ou o sentimento de suas trabalhadoras, mas se seu corpo está preparado para o trabalho sexual que a ele trará benefícios e lucro.

12 <https://www.eluniversal.com.co/suplementos/facetas/andres-salgado-un-libretista-de-pies-cabeza-181649-BVEU279019>.

Até a própria Katia percebe que nesta relação não mais se pensa de maneira humana nas trabalhadoras, mas nos clientes, que vão ao bordel, como eles são revestidos de culpa e dor, após terem feito uma sessão com elas, separando o ato sexual da religião, pois para ela, não teria nada a ver a religião com este ato, ela só seria motivo para que eles tivessem essa culpa interior. O poder que a religião impõe sobre os indivíduos é a mesma que o Estado realiza, o que muda são os seus agentes, pois a religião integra não só escritos, como a lei suprema dogmática[13], mas por meio dela e dos membros da Igreja fazem com que o próprio indivíduo se policie em seus atos por meio da alta culpabilidade, diferente das leis estatais que remetem a uma punição externa ao Ser. Podemos, de alguma forma, marcar uma aproximação entre o autor do livro e a personagem Katia, até porque em uma obra literária, os personagens dizem muito do pessoal psicológico de seu interlocutor, contendo em cada um, uma parte dele e no caso desta personagem, parece-me que ela reflete tudo que o autor pensa, em relação às obras pornográficas. Como ele é diretor de vídeos pornográficos e novelas, seu pensamento está ligado diretamente a aprovação social destas obras, por questões econômicas de capital social. — Mas interesses pessoais a parte. — A personagem consegue refletir de forma clara e precisa sobre as questões sexuais do nosso mundo ocidental e sobretudo de nosso continente latino-americano.

Katia, durante os momentos em que conta sua história; uma mulher que foge para ter uma vida própria sem precisar de homem, mas quem narra o andamento de sua vida é uma de suas maiores paixões que lamenta que sua vida tenha sido desse jeito. É este jeito, pode ser para lamentar em relação a ele, mesmo que para ela tenha sido algo bem melhor do que sua vida anterior. Ele lamenta, pelo mesmo motivo que falamos que a vida na prostituição é lamentada, só pelo fato dela viver de uma forma que é condenada pela sociedade. A vida desta personagem é bem semelhante à de Bruna Surfistinha[14], o que muda é que ela descobre e se relaciona com a sexualidade de uma forma que se torna apenas comercial e não pessoal, mas isso não chega a ser importante para nossa análise.

---

[13] A Bíblia.

[14] <https://www.uol.com.br/universa/noticias/redacao/2019/05/24/10-perguntas-bruna-surfistinha.htm>.

O contexto e a decisão de mulheres como Katia e Bruna Surfistinha, que escolheram ser prostitutas, e a visão da sociedade, sempre são de querer tentar ajudar, acreditando que é um trabalho que com certeza não foi uma escolha. Isso, o autor Andrés Salgado contextualiza em sua obra, como uma discussão em relação ao sentimento amoroso, perpassando da pornografia para o erotismo.

Em uma análise literária, podemos entender a ideologia do autor, que em sua obra, quer apresentar a normalidade da sexualidade feminina, mesmo sendo ele um homem, que, ao mesmo tempo, marca uma relação direta com o sentimento extremo amoroso.

Mais uma afirmação de que trabalho e sexualidade não se misturam em nossa sociedade ocidental, pois, no entendimento social, ainda na contemporaneidade, a sexualidade é o mesmo que obscenidade, mas isso não é uma realidade como analisamos no capítulo anterior, que são termos que, por mais que tenham entre si relação, se separam quando falamos em distintas relações sociais. Por conta deste conflito conceitual que apresentamos, vemos que o trabalho, por mais que seja algo que dignifica as pessoas em uma sociedade capitalista, é, em se tratando da sexualidade e o uso do corpo, como na prostituição, mudam totalmente e são classificados por meio da obscenidade e por isso rejeitada por meio de uma visão pejorativa e preconceituosa.

Como a sexualidade, pela sua visão social de ser algo obsceno, acaba desvalorizando todo tipo de produção, até mesmo algo como o trabalho, que por mais que seja o mais valorizado pela sociedade capitalista em que vivemos e que acaba realizando sua pressão sobre aquele que realiza um trabalho que seja relacionado ao obsceno (prostituição), por caracterizá-lo como o mesmo que o sexual. Pressão essa que Katia sofre por estar sempre dependendo do uso de seu corpo para realizar e viver a vida que escolheu e mesmo assim, como um paradoxo do amor, a única pessoa que a ama, lamenta amá-la só por conta de sua vida, "obscena", não acreditando no que ocorre. Como uma espécie de crítica psicológica e social, ao amor que deixa de ser real, por não aceitar o trabalho sexual de sua amada, até porque, alguém que ama tem que perpassar as "regras" e ordens sociais estabelecidas.

A falta de aceitação amorosa está na mesma linha da rejeição social que analisamos anteriormente das obras pornográficas e eróticas, que contenham imagens e descrições sexuais, pois o sexual, que é rejeitado, só se perde nos outros termos, porque como o trabalho é contido pela ideia de obscenidade, assim como as produções culturais mencionadas, por isso, também são rejeitadas. Esta mesma relação se estabelece na obra, *História do olho*, de Georges Bataille, que ao lermos o título, nos remete algo sobre os nossos olhos, aqueles que são instrumentos de leitura dessa obra ou observar uma praia paradisíaca, mas, por um trocadilho engenhoso, ao abrirmos a obra e lermos, percebemos que este olho tem outro significado.

O trocadilho da ideia do olho não é o que observamos (claro que isso na tradução do título), com a função de observar tudo que nos rodeia, mas aquele que passa sua vida coberto, aquele pelo qual acreditamos que só serve sexualmente para relações homoafetivas masculinas, é o "ânus", para quem não conhece o autor, pode pensar, à primeira vista, que não se trata de uma história obscena.

Assim como as obras de Hilda Hilst são algo que poucos leem e se leem, são eles parte de uma "seita", uma ordem secreta, o *História do olho* age de uma forma parecida, escondendo na capa o seu caráter sexual.

O escondido, o oculto, parecem a todo momento serem características principais para as obras pornográficas e eróticas, talvez porque historicamente não deixam de ser chamativas por terem tido a sua proibição por parte do poder político da época, que se viu ameaçado e por isso decidiu sublevar tal realização artística.

Acredito ser impossível retirar as obras ou qualquer produção cultural de nossas vidas, não só porque hoje somos bombardeados gratuitamente por diversos tipos de pornografia, — as quais, de formas grosseiras, Dominique Maingueneau (2010), categorizou-as como "canônica", — sem pensarmos ou analisarmos sua obscenidade, talvez, quando alguém posta algo violento com algum animal, além disso ser classificado como pornográfico, é também extremamente obsceno, assim como é no caso da zoofilia.

Parece até então que as diversas formas pelas quais a sexualidade é difundida por meio das artes que são, segundo Antonio Candido (2006), as obras literárias que retratam além da vida do autor, o tempo e o mundo em que este está inserido. Portanto, as obras são, em certa medida, transgressoras e por isso devem se apropriar de artimanhas para serem difundidas e distribuídas, além de continuarem a serem tema de obras artísticas. Mas só estamos chegando às conclusões de como e de que forma as produções artísticas são realizadas com a temática sexual, sejam elas eróticas ou pornográficas.

Ou seja, não devo sair na rua e realizar atos obscenos, pois de alguma forma serei reprimido de todas as formas que a sociedade acreditar competente, mas isso porque o obsceno é para ela tudo que seja sexual, quem não imaginou algo sexual em se comentar "uma ação obscena"? Quem não imaginou alguém realizando algo com suas partes íntimas ou com as de um terceiro? Nunca imaginamos como algo referente a uma violência ou a algo "errado" socialmente que não esteja vinculado ao sexual; de alguma forma, nosso subconsciente já está preparado para esta negação.

Para nós, sem análise ou reflexão, um ato de violência ou de explicitação da vida pessoal não é obsceno, mas devido a definição do dicionário, percebemos que de alguma maneira, este termo não só remete a sexualidade. Por isso, é irônico pensarmos que um ato que não seja sexual possa ser obsceno e pornográfico e que, além disso, nós os aceitamos ou não, mas a falta de aceitação é diferente.

> Para o sociólogo moderno, ambas as tendências tiveram a virtude de mostrar que a arte é social nos dois sentidos: depende da ação de fatores do meio, que se exprimem na obra em graus diversos de sublimação; e produz sobre os indivíduos em efeito prático, modificando a sua conduta e concepção do mundo, ou reforçando neles o sentimento dos valores sociais. Isto decorre da própria natureza da obra e independente do grau de consciência que possam ter a respeito os artistas e os receptores de arte. (CANDIDO, p.30, 2006)

Algo que pode mudar muito o que falamos sobre as criações artísticas é o fato de que elas, por exprimirem tudo que vivemos em sua produção, não só por um caráter individual do contexto social do artista, mas de sua posição como detentor de tudo aquilo que a sociedade em que vive, além de expor nas obras sua vivência, também explicita o momento social em que vive. Ou seja, assim como obras clássicas como Odisseia, que não só explicita as características de Homero, mas de toda a vida grega da época, talvez até por isso a utilizamos para entender a Grécia, quando estamos estudando os filósofos da época.

A questão é que as obras literárias dizem muito mais, principalmente sobre o local e as questões sociais em que foram criadas, tudo isto em uma miscelânea, que explica o autor, a obra e as questões sociais pelas quais o autor se insere socialmente.

Desta forma, nossa análise sobre a obra literária se expande em um sentido macrossocial (para mantermos os termos que uso desde o início desta pesquisa), o que se faz pertinente ao pensarmos no que expomos até então, pois é por este viés que iremos seguir, como os autores analisados são transgressores, tanto da época histórica em que viveram quanto da sociedade em que estavam inseridos. O caráter transgressor destes autores se classifica pela relação indivíduo e sociedade, em que a sociedade e o contexto social entram em conflito após a intenção da criação de obras literárias pornográficas e eróticas, com características sexuais, pois o contexto social impede esta criação, mas, mesmo assim, ela não segue estas regras, e se afere a alguns artifícios para poder ter toda a tranquilidade transgressora, que diz mais sobre a sociedade em que vive do que sobre ela mesma.

A questão é que os trocadilhos do nome do livro e a sociedade secreta que lê as obras são características que marcam a diferença entre o entendimento do individual com o grupo e as formas sociais em que estão inseridos, isso porque o autor da obra é um transgressor, o que percebemos ao momento da análise dos pontos que explicitamos, mas, ao mesmo tempo, identificamos a sua artimanha para burlar a lei estabelecida pela sociedade na qual estão inseridos. Atitude essa igual a de Andrés Salgado, que é classificado como "ousado" por ter realizado o mesmo movimento que os outros.

Todos os autores que estamos analisando são transgressores ou ousados por terem criado algo que interfere na ordem social estabelecida, mas algo que devemos pensar é a diferença entre as formas pelas quais estes autores transgrediram, ao falar sobre pornografia, erotismo e sexualidade de forma aberta, o que os levou, por conta do contexto histórico em que estão inseridos e até mesmo o seu gênero, pois uns são rejeitados e criticados pejorativamente, até tendo que esconder sua verdadeira identidade e não tendo que se apropriar de quaisquer outras artimanhas para esconder a sua transgressão. Como o autor masculino, que escreveu sua obra no século XXI, Andrés Salgado é caracterizado pela mídia colombiana como um autor "ousado". Pode ser porque a matéria que encontramos busca realizar uma propaganda das obras. Mesmo assim, as obras de Hilda Hilst foram caracterizadas de outra forma pelos meios de comunicação brasileiros, ou como nos explicam no *blog* do Instituto Hilda Hilst: obra considerada de difícil penetração[15].

Como indica a mesma matéria, *"Desde o final dos anos 1960, sobretudo, a universidade é uma das divulgadoras de Hilda Hilst. E a sua recepção crítica foi crescente, em especial nas duas últimas décadas"*, talvez de alguma forma a aceitação do meio em que vivemos socialmente se modificou a ponto de transformarem a realidade das obras para não só serem difundidas no meio universitário. Ou seja, o que muda para a aceitação das obras literárias não é a questão de ser um gênero ou outro que está escrevendo, mas a forma pela qual a sociedade em que está sendo produzida, seu contexto social e cultural, de como ele receberá tais produções culturais. É por este motivo que devemos considerar sempre a questão social em que a obra foi publicada.

A mudança em relação de como a sociedade brasileira se relaciona com as obras de Hilda Hilst é a mesma forma que a de como os colombianos lidam com as obras de Andrés Salgado, por isso tem uma proximidade social entre estes dois povos latino-americanos, por mais que haja diferenças em diversos âmbitos.

O sexo é poder, é um controle cultural que transcende a vida dos seres humanos, estabelecendo seu caráter mais expressivo pelas obras culturais, neste caso, estas obras literárias expelem toda a ordem e o *tabu do incesto* de nossa sociedade ocidental e a escancara explicitamente nas pessoas, que muitas vezes não querem aceitar e por isso existe a rejeição a obra, por quererem não ver o que realmente desejam sexualmente e acharem confortável se manterem no controle social e psicológico de seu subconsciente. Ou seja, as obras que estamos analisando têm alguma relação com as regras, seja ela expressão do proibido ou não.

Percebemos, portanto, que os critérios e características analisadas até então são estabelecidos pela forma com a qual a sociedade lida com

15 <http://www.hildahilst.com.br/blog/quem-tem-medo-de-hilda-hilst#:~:text=Durante%20muito%20tempo%20a%20obra,perturba%C3%A7%C3%A3o%3A%20a%20falta%20de%20leitores.&text=Uma%20delas%20%C3%A9%20a%20an%C3%A1lise,frequ%C3%AAncia%20na%20produ%C3%A7%C3%A3o%20de%20Hilda.>.

a sua sexualidade como um todo, como o sexo é aceito pelos indivíduos, o que se transformou, não sendo comparável a outras sociedades, como, por exemplo, o povo indiano, que divulgou a obra *Kama Sutra*[16], expressão maior da sexualidade da sociedade indiana, que além de significar uma relação de corpo e alma, também ensina diversas posições para alcançar o mais alto prazer no sexo, o que para este povo oriental é a expressão da relação existencial.

Por assim dizer, é uma relação espiritual com os prazeres, classificando-a como uma unificação do real com o divino, ou do carnal com o sobrenatural, algo que não se realiza em nossa sociedade ocidental, pois nossa religião se estabelece como mantenedora das regras gerais da cultura, mantendo o sexo como algo somente carnal, utilizado para fins de reprodução da espécie, um desmembramento que as mudanças contemporâneas causaram, pois um sexo homossexual não é para reprodução, por isso ele ainda está longe de deixar de ser um tabu[17].

> [...] Daí o projeto médico, mas também político, de organizar uma gestão estatal dos casamentos, nascimentos e sobrevivências; o sexo e sua fecundidade devem ser administrados. A medicina das perversões e os programas de eugenia foram, na tecnologia do sexo, as duas grandes inovações da segunda metade do século XIX. (FOUCAULT, p.102, 1999)

Com o desenrolar da história, as dominações da sexualidade foram tomando novas formas, vale, portanto, marcar as distintas formas, como a passagem da Igreja para a medicina, que com as diversas doenças, classificados pelo ato sexual e em relação a ele, tornaram-no algo a ser administrado por ela, seja pela abstinência ou por uma constante bateria de exames. Antes, havia uma explicação da proibição por meio do medo do divino religioso, nos séculos XVI ao XVIII, que perpassando as revoluções artísticas e a busca pela "verdade", em meio ao

[16] Se aprende a diversas relações, tanto de sensações pessoais (Kama), como de formas da natureza, (Artha), quanto para com o sagrado, relacionado a Sagrada escritura, característica do Dharma, que se estabelece pelo caráter ultraterreno.

[17] Um exemplo importante para marcar o tabu do incesto na sociedade ocidental, pois a regra do sexo é para reprodução, tudo que infringe isso é dado como obsceno, com uma característica fora da ordem, uma anormalidade.

século XIX, tomou a posição de domínio do sexo, a medicina, com a descoberta de doenças ligadas a elas, criando um medo protagonizado pelo científico descartiano.

Assim como descobrimos formas de continuar realizando o ato sexual, apesar do controle da medicina por meio do uso de preservativos, exames sorológicos e diversas pílulas para diversas enfermidades, além dos controles da maternidade, são saídas para que, mesmo que haja um controle social, político e científico do sexo, a sociedade ainda siga buscando artimanhas para poder continuar buscando novas formas de prazer através do sexo.

Na sociedade ocidental, mesmo que houvesse proibição pelo clero de certas práticas sexuais, ainda existia uma forma distinta de se relacionar com o sexo diferente da indiana, não se buscava uma relação direta com as instituições de poder estabelecidas, mas como algo específico do povo, através de festas pagãs realizadas tanto pela nobreza quanto pelo resto da população. Mas o que diferenciava era a forma que eram realizadas, as da nobreza eram mais "sofisticadas", com danças aceitas socialmente, já as do povo eram feitas em tabernas com o povo saindo e se "deliciando" com prostitutas. A exemplo dessas festas temos o carnaval, mas existiam diversos exemplos dessa maneira transcendental de se festejar.

Um exemplo contemporâneo desse tipo de festas populares são os *bailes funk*, realizados ao ar livre que expressam a mais pura liberdade sexual entre os indivíduos, mas a sociedade e até mesmo as instituições de poder reprimem à sua maneira estas festas, por julgarem serem obscenas e fora da normalidade social. A repressão parte de quem está em uma posição social diferenciada para quem participa destes bailes com o objetivo de renunciar a eles. O que é uma contradição, já que são as mesmas que prezam em participar de baladas fechadas, realizando os mesmos atos sexuais, o que muda é que um pagou um valor exorbitante para entrar e fazer sexo dentro de um banheiro ou de algum espaço fechado e o outro no meio da rua ou em um beco escuro.

Estamos estabelecendo uma questão de classe marxista para as relações sexuais, isso porque, quem tem um capital maior não se vê julgado em âmbito social e político, mas por um público mais seleto, que sabe o que acontece dentro dos estabelecimentos fechados. A questão é o local, já que ao ar livre é considerado errado e em lugares fechados, correto.

Ou seja, tudo que é feito por uma classe social mais baixa é rejeitado por uma classe social mais alta com um capital muito maior e por isso, na sociedade ocidental, é impossível que sejam realizados atos sexuais sem qualquer julgamento ou visão pejorativa, pois a questão se insere nas leis estabelecidas por esta classe social mais alto e com maior poder aquisitivo. Do outro lado, as obras literárias têm a intenção de transcender, não são feitas por uma classe social, não classificam as pessoas dessa forma e por isso, talvez, elas tomem artimanhas para permear todas as classes.

> [...] Enquanto o dispositivo de sexualidade, desde o século XVIII intensificara as relações afetivas, as proximidades corporais entre pais e filhos, enquanto houvera uma constante incitação ao incesto na família burguesa, o regime de sexualidade aplicado às classes populares implica, ao contrário, na exclusão das práticas do incesto ou pelo menos, em seu deslocamento para outra forma. (FOUCAULT, p.122, 1999)

Faz-se necessário contextualizar aqui o livro de Sacha Grey (2013), *Juliette Society*[18], em que os mais ricos realizam tudo que têm vontade em relação ao sexo, sem restrições em uma sociedade ocidental como a dos Estados Unidos, basta ter dinheiro para que todas as crenças e leis estabelecidas sejam postas de "escanteio", mas escondendo características por trás de uma seita religiosa, uma empresa de inteligência nacional ultrassecreta. O que ainda não responde o problema principal desta pesquisa.

Me chamou tanto a atenção esta estrutura do uso da sexualidade por parte da burguesia, que minha obra literária *As meninas da Rua Augusta*, tem como base este critério sobre a divisão socialmente e economicamente quem pode e quem não pode realizar. A ordem do poder de uma classe sobre a outra se caracteriza não só pelo poder sobre a sexualidade e o corpo, mas por sobre todas as classes tidas como inferiores e que não participam das posições estabelecidas de poder.

[18] Livro escrito por uma ex-atriz pornô, formada em cinema.

O que parece ser a mesma superioridade em relação a Lori Lamby, que se abre sexualmente para as pessoas ricas para que elas possam satisfazer seus desejos materiais. Daí uma possível relação entre a minha obra literária e a de Sacha Grey, pois é como se o homem, mesmo sendo um ser superior em nossa sociedade patriarcal, acreditasse que por ter essa posição e ainda uma posição de classe alta domina o corpo das outras classes, não bastando ter a vigilância e controle político e pela medicina, ainda dependem da dominação sexual.

> [...] Em um contexto, mesmo depois da superação da ordem escravocrata, onde considerações de status predominavam sobre as considerações de cálculo econômico, as condições sociais não militavam no sentido de transformar o antigo proprietário rural em empresário. (SOUZA, p. 47, 2017)

Em um país como o Brasil, em que a lógica econômica ainda é baseada na forma latifundiária dos senhores de engenho, que além de serem da classe social dominante, se inseriam e ainda se inserem no ramo político do país, ordenando as atitudes governamentais para atender a seus benefícios próprios e no que acreditam necessário. Por isso, acredito que esta característica, seja distinta dos outros países, principalmente nos países europeus, por mais que essa tenha sido uma das heranças de nossos colonizadores[19].

Em referência a história da política brasileira, sempre foi muito tênue a diferença entre a elite e o governo, muitas vezes foi típico que um membro desta elite latifundiária tenha sido presidente da república, tanto em seus primeiros anos, como em anos posteriores, mesmo com a vinda de uma industrialização tardia. Por isso este fato histórico ainda demonstra que temos muito desta lógica, tanto em nossa elite como na sociedade como um todo.

Em um conto específico do livro *Histórias eróticas,* temos a história de uma francesa que não conhece nada de sexo e nem de drogas, que numa viagem ao Peru, inicia seu autoconhecimento sexual junto aos

[19] Do reino de Portugal, que por exemplo, separou as terras do território que hoje é o Brasil para a elite do país, deu de presente e depois comprou de volta. Chamado este conceito social como o patriarcalismo.

peruanos, realizando o ato atrelado a utilização do ópio. Dois prazeres misturados e mesclados entre si, o corporal e o mental. A relação com o mundo em que caracteriza o enredo de *Juliette Society* está na maneira que se dá o autoconhecimento corporal da francesa, pois ela não realizou este conhecimento em seu país, ela precisou sair dele e conviver com pessoas de outro lugar com culturas diferentes da sua.

Figura 16: Despida.

Há um lugar apropriado, seja você rico, europeu, pois sua ação diante do sexo deve ser algo extremamente secreto, em que seus iguais e a sociedade não saibam, caso haja conhecimento dessas atitudes, não será mais possível realizá-las, porque, sem dúvida, é algo que será vulgarizado e o que for acessível a todas as classes sociais não é mais desejado pela elite.

Parece que, assim como no conto, os países da América são lugares mais abertos ao sexo do que os europeus, principalmente quando pensamos pelo senso comum, além disso da cifra de tráfico de mulheres[20] que vão para o continente europeu, e que são em sua maioria latino-americanas. Fica parecendo que por mais que haja uma diferença alarmante entre os gêneros, até mesmo o homem latino-americano, como vemos no conto de Anaïs Nin (2006), é da mesma forma objetificada por um desejo sexual. Talvez hipoteticamente seja por conta da relação colonizador e colonizado, em que existe um fetiche por se sentir superior diante da dominação corporal feita pelos europeus. Em suma, as relações proibicionistas do erotismo e da pornografia estão inteiramente ligadas às formas de poder de nossa sociedade.

[20] <https://www.ibm.com/blogs/ibm-comunica/datajam-online-na-america-latina-tem-foco-na-luta-para-reduzir-o-trafico-de-pessoas/>.

As conversas e as brigas com seus pais são apresentadas por Lori Lamby em seu "caderno rosa", iniciado por conta da obra na qual o pai[21], um escritor renomado, está com um novo projeto, no qual o enredo discorre sobre diversas relações sexuais com uma menina menor, realizando um conflito na própria obra, pois parece-nos que é a obra produzida pelo pai que estamos lendo.

O motivo pelo qual os pais não param de brigar, levando-os a romper o matrimônio e se separarem por um tempo por conta do tema da obra. Se contextualiza pelo fato de que para ele (o pai), o livro que está escrevendo será um sucesso e para a mãe é uma obscenidade, algo que pode levá-lo à prisão.

Nesta briga se explicita, tanto a família que falamos e caracterizamos através de FOUCAULT (1999), como a forma primordial das relações sexuais no âmbito da psiquiatria, classifica por meio desta relação, a tradicionalização do incesto como o ponto crucial para entendermos a proibição sexual e a caracterização obscena do sexo, que se dá pela analise freudiana de que nós nos relacionamos com pessoas que tem a ver com nossos pais, pois são eles o que temos como base, seja de sexo oposto ou do mesmo sexo.

Enquanto fala da briga, Lori Lamby, por conhecer a sua sexualidade, comenta sobre questões sexuais, imaginando se sua mãe e seu pai fazem sexo, imaginando como seria receber sexo oral de seu pai. Pensamentos esses que, por mais que apenas sejam sentimentos e pensamentos, perpassam a realidade de uma relação corporal propriamente dita, é a iniciação desta ação, por meio de uma relação imaginativa.

Em meio a toda esta briga de casal em que a menina de cinco anos está inserida, sua vida perpassa por questões psicológicas conflituosas, até que ela se abre profundamente para o tio Abel, que é a figura do homem burguês e do incesto familiar, além da pedofilia, por ser ela menor e ele adulto. Estão inteiramente ligadas as ações explanadas na obra, a ruptura do que seria a primeira expressão da proibição e vigilância sexual.

A autora caracteriza de forma explicativa o que FOUCAULT (1999) classifica como o início da proibição sexual, pois é ela o primeiro âmbito social, no qual as pessoas se identificam e podem se relacionar, como observamos com as distintas sociedades em que elas podem ter

[21] Seus nomes não são ditos durante toda a obra.

estruturas distintas do que é caracterizado como família, assim como nos mostrou Claude Levi-Strauss (1982), mas é sempre ela o alicerce principal para a transformação social que identificamos em um determinado grupo social (para entendermos de uma forma mais grosseira a ruptura da família para uma base social do povo brasileiro), perpassando as famílias e tornando-se uma forma que se estabelece pela relação de classe social e entre outras.

A classe social[22], em um entendimento econômico, se estabelece por uma divisão de número, números do capital obtido por um determinado indivíduo, seja ele "culto ou não", seja ele intelectual ou não, o que se estabelece na sociedade brasileira como os mandantes são as suas elites; a classe média e os mais pobres são entendidos e estruturados como a base da pirâmide (assim como dizem os economistas contemporâneos), é a posse de capital, seja ela em relação a propriedades, dinheiro ou empresas, deve ser algo material que faça com que a pessoa tenha uma determinada posição entre as três que aludimos, sendo que a parte da base, pode ser que não tenha nenhuma delas.

A diferença de classe entre Lory e seu tio Abel é escancarada pelos presentes que ela recebe dele, em uma relação que se estabelece por este poder e pelo poder de superioridade social, em que o adulto manda e a criança obedece, pois ela não está preparada para integrar a sociedade de forma independente. Mas acredito que devemos transpassar este ponto, pensando exatamente no fato de ser uma relação incestuosa, que explicita em uma relação de tio e sobrinha, na forma da sociedade ocidental, o caráter familiar.

Uma relação que o tio Abel sabe o seu caráter "errado", sua forma socialmente não aceita pela sociedade, pois parte do motivo da menina não contar nem para seus pais sobre sua relação com ele é pelo fato dele a ter sugestionado, ter conseguido mexer com sua própria independência, por meio de palavras e escritos em cartas enviadas por ele, que deixam claro a forma pela qual o adulto se sobrepõe e, como o dinheiro mesclado com o masculino e com a posição de superioridade social, se estabelecem por um domínio do corpo feminino, seja ele menor de idade ou não.

---

[22] LENIN, Vladimir Ilich, As classes sociais e o Estado. IN: Estado e revolução, São Paulo: Expressão popular, 2007.

De alguma forma, a obra literária consegue transpor a mescla de questões da sociedade brasileira, por sobrepassar as relações familiares, pois não há na relação do tio Abel e Lori Lamby apenas uma típica forma de relação entre tio e sobrinha, mas uma que se estabelece por conta do seu caráter sexual. Ou seja, tudo aquilo que caracteriza a estrutura social brasileira se mesclou e se estruturou numa nova relação familiar tio e sobrinha por meio da sexualidade.

Este pondo aludido se expressa por meio da arte e da literatura, em se tratando do movimento da passagem da proibição social da sexualidade, que explica FOUCAULT (1999), que inicia sua explicação por meio da estrutura familiar, para uma transmutação dessa estrutura para a das relações sociais da sociedade em questão (que neste caso é a brasileira e ocidental). Como pode ocorrer tal relação em um país em que o incesto é algo "abominável", perpassando o adjetivo obsceno, que caracterizamos nesta obra?

Não penso no incesto como uma abominação ou uma obscenidade por conhecer a sociedade brasileira ou por cifras desta prática na sociedade, mas como algo que se estruturou não só por ter suas regras em todas as sociedades que conhecemos e, ao mesmo tempo, terem uma explicação sagrada protagonizada pela Igreja católica.

O que pode aumentar a falta de aceitação da autora e sua obra, pode ser a ideia ético-social de que ela traz um tema extremamente polêmico nas sociedades ocidentais, não sendo só o tabu do incesto, mas perpassando por uma violência explicativa, que se estabelece entre um adulto (tio Abel) e uma criança (Lori Lamby), mas que antes de entrarmos neste ponto propriamente dito, devemos permear as ideias de criança e adulto, pois, em cada sociedade é uma idade distinta, não existe um padrão único mundial que caracterize em todas as sociedades do planeta como diferenciar um do outro.

A antropologia explica que a forma para a diferença de idade baseando-se na biologia do sexo feminino, sendo a média de idade em que a mulher inicia sua menstruação mensal. Que por ser um ponto característico da mudança da vida de criança para a vida adulta, existem explicações sobrenaturais para tal, alguns até realizam um ritual para marcar essa passagem. O que torna a idade distinta para cada uma das sociedades existentes no mundo, pois a menstruação para uma mulher, não é uma ciência exata de que ocorrera em uma idade específica.

Pensando neste sentido, deixamos claro que Lori Lamby é uma criança, até mesmo na classificação da maioria das sociedades, por ela não ter iniciado sua menstruação. Ou seja, podemos, após esta afirmação, dizer com propriedade que a relação com seu tio, além de incesto, é pedofilia.

A pedofilia é, em termos jurídicos e de Durkheim (1973), um "crime", pois ela não se estabelece como algo "normal" da estrutura da sociedade, porque criamos a ideia de que a criança é um ser frágil, que deve ser protegido, seja em questões da vida, como em violências, pois, obriga-nos a afastá-los de questões da nossa realidade, escondendo boa parte de animálias e de formas instáveis em nossa sociedade, como, por exemplo, por meio da classificação indicativa da faixa etária nos filmes, novelas. O que não é diferente com a pedofilia, a rejeitamos por conta da proteção da criança impossibilitada de realizar o ato sexual por conta da imaturidade, formação ginecológica inadequada e é por conta disso que nossa sociedade estabelece uma idade mínima para a iniciação ao sexo.

Mas, por mais que a pedofilia seja algo a ser rejeitado, vigiado e reprimido pela sociedade brasileira, ela é um tema a ser discutido, assim como nos coloca Hilda Hilst, mas que infelizmente muita gente prefere rejeitar até mesmo o tema, sem vê-la como uma crítica social, assim como minha obra digital, *Erotismo social*, que caracteriza as mesmas questões, escancarando formas e especificações relacionadas à sexualidade, que são muitas vezes rejeitadas pela sociedade, sejam elas violência ou controle social, ou meramente uma falta de vontade em se realizar o ato sexual.

A violência sempre esteve ligada ao sexo, seja por uma atitude classificada como minoritária, como tapas e leves enforcamentos, ou algo mais extremo como o sadomasoquismo, retratados pelas obras de *Cinquenta tons de cinza*, que teve a audácia de apresentar a dor como um afrodisíaco e que acrescenta o prazer durante a relação sexual. A cada dia se descobre e se utiliza novas coisas para o alto prazer sexual, atrelado aos diversos produtos que se pode encontrar nos *sex shop*, que entrelaçam o prazer ao capitalismo, tornando-o um "mercado obscuro do prazer".

Vale aqui retratar uma clara diferença entre o mercado da prostituição para o dos produtos para o prazer sexual, pois um tem principalmente como trabalhadores, as mulheres, mas independente da questão de gênero, que já aludimos, é um mercado que está se expandindo, mesmo com lojas físicas, e que teve um aumento expressivo com o uso remoto em redes sociais e a *internet*, que sem uma procura de matérias que justifiquem o que iremos explanar, podemos, apenas pelo senso comum, afirmar que a expansão do mercado se deve ao acesso às compras pela *internet*, principalmente para aquele público que tinha vergonha de entrar nas lojas físicas. Um mercado que se expande ainda mais, pois não tem o caráter repressivo e superior de gênero, que caracteriza em alguns pontos a prostituição.

O mercado de produtos é diferente da prestação de serviço sexual, pois tem em sua essência, apenas o objeto inanimado, já a prestação de serviço convive com a objetificação dos corpos, principalmente dos corpos femininos, o que não exclui a dos corpos masculinos, que em sua maioria devem ser sarados, definidos e com os seus órgãos genitais grandes, predominantemente ativos, por conta de seus clientes serem em sua maioria passivos.

O que se relaciona com a violência que sofre Lori Lamby, por mais que ela justifique que goste da ação porque recebe dinheiro e objetos em troca, o sexo, desde pequena, está relacionado a troca por outros objetos, nunca necessariamente pelo prazer de ter outra pessoa conectada aos mesmos prazeres. Por mais que ela diga que acha gostoso, até porque o prazer é para todos muito gratificante, ao ser trocado por alguma coisa, a pessoa deve ter uma certa maturidade para dividir o ato em que é para uma remuneração e o que é apenas por prazer, não deixar de sentir prazer, se privar dele é aceitar a vigilância e a proibição social.

As diversas histórias da obra perpassam sempre pela dominação do corpo do ser feminino, é sempre este que deve ser punido, sempre ele que deve fazer o que o masculino manda, mesmo com relações homossexuais, que ocorrem e de forma pouco expressiva e mais às escondidas ainda, demonstrando uma forte tensão na realização do ato com pessoas do mesmo sexo.

Me parece ser um dos maiores exemplos, ao lado do que explanamos sobre Lori Lamby, ou na história do "jegue", quanto nas cartas para

Carmen, que ambas explicitam o poder masculino de maneira violenta, protagonizando uma violência física e sentimental. Além, de estabelecer o "jegue", como a necessidade de um órgão masculino de um tamanho exorbitante, como a forma necessária para o prazer.

A violência física se caracteriza pelo fato da mulher não o ter aceitado anteriormente, achando-o pouco atraente, levando-o a se sentir mal ou até mesmo, apenas para ser sincera, ter dito sem filtros, que ele não sabe lhe dar prazer e que um garotinho sabe lhe dar prazer melhor do que ele. O ciúme ao ver a mulher da sua vida tendo prazer com o homem de quem ela havia dito que era melhor do que ele, cria um contexto final, da violência protagonizada pelo órgão genital do "jegue" e a sodomização.

Novamente a sodomização não aparece como prazer, mas como violência, dor, submissão e desprezo ao corpo do outro, sendo que ela também pode ser um ponto para se conhecer e saber onde são os pontos do corpo em que sente prazer e excitação, que transpassa qualquer ideologia de gênero ou de identidade sexual.

Talvez o fato de pensarmos que algo deve ser deixado de lado e de certa forma demonizado pelo medo, pela dor ou do que for, possa ser uma forma de controle, pois por si só o sexo anal se torna um fetiche por conta disso, por isso o desejo masculino em penetrar seu órgão genital dentro do órgão excretor torna-se um dos maiores interesses com as parceiras femininas e a sua destruição, deixando o órgão excretor flácido, um fetiche ainda maior também em relações homoafetivas. Já em uma relação homoafetiva entre homens, o próprio interesse do passivo é sentir essa dor, seja ele gostando ou não, seu interesse é estar ali sentindo sempre a dor como se fosse a primeira vez, não são todos, mas na maioria existe a ideia de um órgão genital mais grosso e maior. A dor é um fetiche na sodomização como é no sadomasoquismo, o que não exclui o fato de ser uma forma de prazer.

A existência do fato de acabar não fazendo alguma coisa no ato sexual, pode significar a falta de interesse ou vontade de realizar tal ato específico, que no caso deste exemplo, — é a sodomização, que acredito ser pertinente por todos os tabus que lhe cercam em nossa sociedade ocidental, — algo que acabamos não realizando, mesmo tendo o desejo e a vontade, mas que acabam sendo subtraídas por conta de um controle e vigilância do poder social, que classifica a sodomização ou qualquer outro ato rejeitado pela sociedade de diversas formas, neste caso, como contendo uma dor intensa, ou sendo um ponto necessário que caracteriza por via de regra social, podendo até mesmo mudar o gênero do indivíduo.

Figura 17: Com tarja.

Interessante como perpassa a sodomização, pois a masculinidade frágil de nossa sociedade, que configura como qualquer forma de penetração anal como forma de transformação ilusória de identidade sexual, como alguém que realizou um estímulo na região do ânus de qualquer forma que seja e quem a recebeu, o ser masculino que recebeu pode acabar gostando, e este se tornará homossexual. Ou seja, não é por conta de não gostar que muitas vezes o indivíduo masculino deixa de conhecer o prazer na região do ânus, porque, tanto essa parte como os mamilos são regiões consideradas sexualmente femininas ou homossexuais. Portanto, se o homem deixa de se conhecer nestas partes, acaba por reprimir o seu próprio desejo por conta da ordem social estabelecida, que identifica que lugares do corpo estão ligados a identidade de gênero e sexual.

O ser masculino deixa de se abrir a diversas experiências sexuais por conta de acreditar que isso pode mudar seu status social e sobretudo, à grosso modo, sofrer preconceito; um preconceito que é a expressão da repressão que a nossa sociedade patriarcal se impõe sobre ele.

Na obra em questão, *Pornochic*, chama a atenção a descrição da relação homoafetiva que o narrador do conto descreve, em que não tem interesse no corpo feminino, sem saber como explicar o motivo, mas o fato era que para ele existia uma maior excitação para com corpo masculino. Ele não diz que é homossexual, mas deixa bem claro a sua orientação sexual e o que ele mais gosta de fazer.

O que nos leva a classificá-lo como homossexual é a descrição de suas preferências sexuais nas cartas que lemos durante o enredo do conto. Ele conta em suas cartas o encontro com um rapaz, que parece ser até casado, mas isso se torna irrelevante porque o importante é ver como ele se atem ao corpo do rapaz e como se dá a relação entre eles. Ele diz que estava louco por uma relação oral com o rapaz que conhece e realiza tal ato dentro do automóvel dele. Percebe que o outro esteve tenso durante todo o ato sexual.

A tensão que ocorre na cena descrita pelo narrador, quando o rapaz recebe o sexo oral, se caracteriza pelo que conhecemos popularmente como a "masculinidade frágil[23]", que não pode ser vista em público, pelo medo do julgamento social, da forma como será estabelecido o preconceito e a discriminação sobre ele. O medo, por assim dizer, não se dá pelo motivo de estar realizando a relação sexual homoafetiva, mas sim porque há possibilidade de ser descoberto e não ser aceito socialmente, só por ter realizado o ato uma vez, sem se identificar corriqueiramente, para ele, como um ato isolado apenas de prazer, e que na verdade não faz parte de sua identidade, ou até que faça, já que muitas vezes no século XX, principalmente, esse medo foi superado por conta disso.

São relações como esta, retratada no livro, de homoafetividade, que devido a sua mais forte expressão da relação, de forma escondida, pois aquele que tem curiosidade em uma relação homoafetiva a realiza de forma oculta, tanto de familiares ou não, porque é a maneira que se estabelece o controle e a vigilância de nossa sociedade patriarcal, machista e homofóbica. Uma atitude que tenta transcender o que pensa e controla a sociedade para o que deve ou não fazer o indivíduo masculino a realizar sem medo as ações que deseja.

Um exemplo da realidade da cidade de São Paulo, em que alguns homens encontraram para fazer o mesmo que aparece na cena descrita da obra de Hilda Hilst, que explanamos, é o "banheirão[24]", que ficou conhecido pelo público masculino como o espaço de liberdade sexual

[23] < https://www.dicionarioinformal.com.br/masculinidade%20fr%C3%A1gil/>.

[24] <https://medium.com/revista-subjetiva/banheir%C3%A3o-conhe%C3%A7a-a-moda-que-est%C3%A1-gerando-pol%C3%AAmica-nos-banheiros-do-brasil-98e52d3f5f1a>.

homoafetiva, dentro de banheiros de localidades como academias e banheiros do trem e do metrô.

O processo em que os frequentadores do "banheirão" agem para fazer sexo tem relação aproximada como a que se dá com a do sexo oral no conto, iniciando com vergonha e finalizando com a liberdade sexual. Como se neste espaço social fosse um lugar onde todos os desejos obscurecidos pelo poder e vigilância social possam ser realizados.

As pessoas que frequentam o "banheirão" estão apropriando-se desse espaço para se libertarem de seus desejos, pois novamente voltamos à discussão sobre a realização de questões tabus da sociedade em espaços fechados, por mais que o banheiro seja um espaço público, sendo possível a punição pela lei para quem realiza esse tipo de ato, chamado intencionalmente pelas autoridades como "ato obsceno", podemos classificá-lo como um espaço fechado, assim como nossas casas ou no caso do conto, dentro de um automóvel.

Por mais que haja especificidades na diferença dos espaços ou na forma em que é realizado o ato sexual dentro destes lugares, em todos eles há a intenção de realização clandestina, de maneira a que as pessoas não possam ver, como algo não explícito, mas que está implícito na sociedade, pois todos nós sabemos o que é possível um casal ou mais pessoas realizarem dentro destes lugares, só não conseguimos identificar as pessoas que a realizam ou sobretudo saber quando e de que forma estão protagonizando a maior expressão de sua sexualidade.

Mais uma vez percebemos que as expressões, tanto na obra em questão[25], quanto nas práticas sexuais da sociedade brasileira, são realizadas dentro de um espaço fechado, assim a transgressão social se estabelece na sociedade brasileira. Sejam em relação às práticas sexuais propriamente ditas ou na venda de produtos ligados a ela.

Podemos identificar como conceito monopolizante das formas de expressão sexual na sociedade ocidental, que Maria Filomena Gregori (2016), em sua obra, *Prazeres perigosos: Erotismo, gênero e limites da sexualidade*, é a forma em que ela expressa a questão de gênero, que explicitam a objetificação feminina que pode ser vista pelo corpo sexualizado feminino em sua grande maioria e o masculino que pode ser identificado, estão sempre com corpo malhado de academia, além dos consolos e

[25] Pornochic de Hilda Hilst.

produtos voltados em sua grande maioria ao público feminino, não com a intenção de ter ele como base, mas assim como nos mostra a autora, apresentar o machismo de nossa sociedade patriarcal, como se esses brinquedos fossem para as mulheres, pois os homens já possuem o seu, que demonstram um padrão, de como se dar prazer. Ou seja, as mulheres recebem brinquedos e formas de prazer, pois foram criadas e caracterizadas pela sociedade patriarcal e, portanto, resultado de padrões idealizados e impostos por homens.

Esta mesma caracterização e relação de produtos voltados ao sexo, tanto filmes, *sex shop*, artes plásticas, contos eróticos, têm como base a objetificação do sexo feminino, além de criar uma idealização de corpo que acaba transcendendo o gênero por configurar um tipo de corpo específico, tanto para o homem, como para a mulher. Algo que poderíamos dizer que vai de encontro com a lógica propagandista.

Um exemplo interessante que me ocorre é sobre esta unificação da sexualidade através dos estereótipos e dos preconceitos sociais, como o consolo do ator pornô Kid Bengala, que por mais que seja uma cópia exata de seu órgão genital[26], pelo tamanho, configura um imaginário que caracteriza o órgão como tendo que ser extremamente enorme e irreal, além de sexualizar o corpo negro masculino pela sua objetificação.

Claro que ao entrarmos em lojas de *sex shop* ou até mesmo vermos filmes pornô, podemos identificar esta análise de GREGORI (2016), sobre o corpo ideológico, que se exemplificam com o consolo do Kid Bengala, pois se imagina que as mulheres desejam tal órgão, por isso o capitalismo se apropria deste corpo, seja na prostituição, quanto dos consolos, se apropriando mercadologicamente destes para suprir o que seria benéfico para o capital, sem pensar que poderia ser pejorativo para os indivíduos.

Sem que as pessoas percebam, a sexualidade não deveria ter um caráter obsceno, mas acaba se tornando por conta das consequências e da apropriação dos preconceitos sociais. Talvez seja o motivo de sempre classificarmos o sexo por alguma obscenidade ou violência, porque acaba se apropriando muito além de preconceitos, mas de uma objetificação do corpo, prioritariamente feminino, como também do masculino.

[26] Ator pornô Kid Bengala, que tem um órgão sexual com exatos 33 cm de cumprimento.

Parece-nos, com o desenrolar desta análise, que de alguma forma a sexualidade não é obscena, mas a forma como o capitalismo a trata objetificando o corpo dos diversos indivíduos e criando uma ideologização, que talvez venha das influências do mercado de beleza, ou até mesmo da própria lógica e estereótipos criados pela sociedade brasileira, que em sua estrutura objetifica a mulher, seja ela branca ou negra, claro que sobre tudo a mulher negra, pois o corpo negro, é o corpo mais "desejado", por isso o consolo de um ator pornô negro é motivo de grande venda. Até mesmo de comercialização por parte do ator, por se apropriar deste preconceito e objetificação para beneficiar seu capital individual. O nome Kid Bengala está ligado à maior empresa de filmes pornográficos do país, *Brasileirinhas*, e ele ficou famoso pelo tamanho de seu órgão, motivo de seu nome artístico, pois é como se a base da objetificação de seu corpo fosse através da transformação de seu órgão genital em uma bengala.

Por mais que haja movimentos de gênero nos processos sexuais da sociedade brasileira, que caracteriza até mesmo relações sexuais, que não se interagem com a ideologia de gênero, sempre o passivo acaba sendo identificado por essa dupla separação social dos sexos, sendo que, como observamos, o prazer perpassa estes limites.

O termo "vulgar" parece ser empregado sempre e quando alguma atitude referente ao sexo não está de acordo com o senso comum de determinado indivíduo, o que o torna uma identificação característica de cada um de suas realidades dispostas sobre a liberdade sexual do outro. Uma forma de opressão que se estabelece pela relação de classe, como base estrutural econômica da sociedade brasileira, até porque é pelas artes populares que vemos explicitada as sexualidades alheias e não pelas elites.

No contexto social em que vivemos, podemos perceber que alguns espaços não são explícitos e têm em seu entorno uma conotação sexual, acabam não chegando aos julgamentos alheios. Quando o espaço é explícito, como por exemplo, o caso do Cine República na cidade de São Paulo e os bailes funk, está mais próximo das realidades do povo do que atitudes prováveis da elite, que muitas vezes nem fachada de identificação têm. Ou seja, o ato realizado de forma popular é caracterizado como "vulgar".

Ao vermos os acontecimentos dos distintos enredos da obra de Hilda Hilst, mesmo que ocorram as descrições dos atos sexuais e as seduções sexuais de forma implícita, em lugares públicos, esta característica classifica os personagens por uma classe social mais alta e que precisa manter uma certa imagem. Ou seja, quanto mais alta a classe social, mais escondidas devem ser as ações.

Um ato da obra, *Pornochic*, que acredito ser interessante de se contrapor aos bailes funk é o sexo oral dentro de um automóvel, independentemente de ser um ato homossexual ou não, ele foi feito em um lugar escuro, o que para o personagem caracteriza como escondido e em um lugar de certa forma apropriado. Mas que entra em conflito com o sexo nos bailes funk ou no carnaval, em que, para o senso comum, são explícitos, obscenos e vulgares. Mas em comparação, de alguma forma, dentro do carro acaba sendo no mínimo inadequado.

Esta relação conflituosa dos bailes funk, por mais que possam ser espaços ao mesmo tempo de liberdade sexual e de disseminação de doenças sexualmente transmissíveis[27], torna-se um espaço de vulgaridade, por ser protagonizado dentro das classes mais baixas, financeiramente, da sociedade brasileira.

Muitas vezes, quem vê de fora os bailes funk tem alguns comentários pejorativos, que está de encontro com as questões de classe, dizendo que rejeitam a prática por ter sexo explícito na rua, pelas meninas se "oferecerem" e entre outros comentários que só tem intenção de desvalorizar a própria classe e espaço social.

Observando desta forma, parece-nos que a vulgaridade é sustentada pela ordem classista de nossa sociedade, como se dentro de uma balada na Faria Lima não tivesse sexo explícito dentro de banheiros e que isso só ocorre no baile funk de Paraisópolis, por ser dentro da favela. Ou seja, algo só é vulgar porque está explícito para a pessoa, se não estiver, não é classificado como tal e segue da mesma forma, como se tivesse alguma diferença na atitude, além de ser escondida e implícita pela sociedade.

Até porque, para que a vigilância plena da sociedade por parte dos indivíduos sobre outros deve ser protagonizada pelo seu caráter

[27] Importante deixar claro, que isso está mais presente no senso comum da sociedade, por muitas vezes ser realizados sem as questões adequadamente impostas pela medicina, que expõe seu poder por sobre esta atitude pejorativa.

explícito, que se estabelece pelo conhecimento do olhar, que se estabelece como a "verdade e a realidade", pois aquilo que se acredita e não vê a olho nu pode ser contestado como existente ou não; diferente do que é visto, que não é possível contestação em nossa sociedade em que predomina as especificidades do método científico.

Parece-nos que há uma questão de classe atrelada ao caráter de escondido para burlar a vigilância social contra certas práticas, o que nos faz perceber que em conjunto com o contexto histórico, a elite criou certas vigilâncias com seu poder para controlar e permear as classes sociais que julga ser suas subordinadas, pois, para poder burlar estas regras impostas por elas mesmas, o caráter acaba sendo o mais escondido possível, como por exemplo o que nos apresenta GREGORI (2016), em que os *sex shop* do centro atuam sem se preocupar com a imagem ou com uma fachada, que não aparente ser o que é, o que já com as mesmas lojas em bairros de classe média alta, se estabelece pela forma mais escondida possível, com tapumes, para não mostrar diretamente ao público o que há dentro. Isso ocorre até mesmo com as boates que tem como aparência serem bares ocultos ou até baladas.

Estou longe de dizer que apenas existe a questão de classe atrelada ao caráter vigilante e ao escondido de tudo que é atrelado a sexualidade alheia, — o que parece acabar tornando um conflito entre os marxistas — pois não caracterizo apenas pela materialidade a questão e não a vejo como base fundadora das proibições e caracterizações obscenas ao sexo, mas a estabeleço como parte principal para o aprofundamento, como a forma pela qual a elite estabeleceu intensificando o escondido para que possa fazer tudo aquilo que impôs às classes mais baixas como algo "errado", classificando até como "vulgar", ou seja, característico apenas dessas classes populares e não da elite. Por isso, caso elas atuem e ajam desta forma, devem se esquivar de toda e qualquer vigilância e proibição.

> De um lado, os ideólogos burgueses e, sobretudo, os da pequena burguesia, obrigados, sob a pressão de fatos históricos incontestáveis, a reconhecer que o Estado não existe senão onde existem as contradições e a luta de classes, "corrigem" Marx de maneira a fazê-lo dizer que o Estado é o órgão da conciliação das classes. (LENIN, p.27, 2007)

Antes de iniciarmos a análise em relação às classes sociais, devemos definir como serão pensadas em nossa obra e que se torna necessário dizer, que a sua relação com o Estado, pois ele caracteriza a relação de poder em que as classes mais altas se apropriam para que possam efetivamente agir por sua posição.

Ou seja, a burguesia, seja ela alta ou média, utiliza-se do Estado para determinar que ele seja um conciliador de classes, mas que na verdade é um mecanismo para mantenimento do seu poder sobre as outras classes, por mais que acredite que haja também movimentos das classes sociais, que caracterizo em minha obra, *Racismo e relações sociais brasileiras*, como algo mais separado do Estado e que difere as pessoas em dois âmbitos: o econômico e o cultural.

Acredito que a relação inconciliável das classes sociais com o Estado seja pertinente para esta pesquisa, por ser ela aproximável e relacionável diretamente às relações de poder da sociedade, que se mesclam entre si, para entendermos a sua forma considerando o poder e a posição de classe, para o controle social, que iremos caracterizar com o passar desta análise.

Não parece haver apenas uma relação mercadológica para a relação sexual, que se caracteriza como obscena ou como vulgar, pois até mesmo atos mais obscuros, que não configuram como tabus, mas sobretudo, como violência, — neste caso, torna-se pertinente a pedofilia (uma violência, que fere a proteção de um ser fragilizado socialmente, no caso a criança), por estar contextualizado, tanto na obra que analisamos, quanto na nossa realidade social, — que transfere quando é descoberto pela sociedade, fere totalmente e tem uma repercussão enorme, como por exemplo, os casos em que vemos dos membros da Igreja[28] acusados de pedofilia. Ou seja, existe uma forma de vigilância e quando está por ser poderosa, encontra-se por sobre as classes sociais mais altas, se estabelece e não só é difundida em uma micro dimensão[29], como a de bairro, por uma macro, envolvendo e sendo noticiada pelos meios de comunicação.

---

[28] <https://www.em.com.br/app/noticia/internacional/2018/05/18/interna_internacional,959800/casos-de-pedofilia-cometidos-por-membros-da-igreja-catolica.shtml>.

[29] Chamo de micro e macro, as dimensões sociais, sejam elas micro, familiares ou macro, do todo em um país, que permeia toda a sociedade.

No caso da pedofilia, que é resultado da proteção social às crianças de que os adultos têm a obrigação, na sociedade ocidental, de proteger de tudo que acreditam que seria ruim. Proteção que teria tido origem após a Revolução Industrial, pois anteriormente, as crianças trabalhavam e eram tratadas como adultos, ou seja, tinham responsabilidades no nível econômico, social, algo que foi se transformando, conforme apontam diversos estudiosos sobre a preocupação com a infância, o que na sociedade ocidental caracteriza como uma fase da vida em que não se deve ter conhecimento dos problemas do mundo, mas de conhecimento individual que o levem a um desenvolvimento sadio.

É por esta caracterização da infância que há uma defesa para que haja proteção social, uma vigilância às crianças, o que perpassa até mesmo o sexo, já que antes as meninas ficavam grávidas bem jovens e isso não era visto como pedofilia ou de alguma outra forma, para proteger essa fase da vida, parece que foi criado um tabu do incesto para que se considere juridicamente a idade na qual deve-se iniciar o conhecimento sexualmente do seu corpo. Algo que Lori Lamby inicia aos cinco anos e por isso se configura como pedofilia.

O sexo é como se fosse algo que pudesse ser feito, mas apenas no caso de ser pego, seria o problema. Já no caso das classes populares não há este medo de ser pego, apenas a exacerbação dos atos, com uma forma que se estabelece da mesma maneira, mas que não se preocupa com a vigilância. O caso é pensar em pressão social, em como ela opera independente das classes sociais, parecendo ser algo mais errado e a não ser feito e nem falado, só por permear as classes mais baixas como uma forma de a lei exposta pelo poder da elite, dos políticos e em alguns casos da própria religião possam ser respeitados. É como se quem criou as leis e se coloca como soberano na ordem social estabelecida não possa realizar os atos, pois em alguns casos se colocam como instituições mantenedoras da ordem e a descoberta destes atos torna-as influência para o todo da sociedade.

Em se tratando do poder que permeia a sociedade sobre todos os indivíduos, este está longe de distinguir classe social ou posição "privilegiada", todos estão sujeitos a passar por ele e, portanto, não há uma distinção mercadológica, mas que perpassa qualquer materialidade.

Podemos observar concretamente a atuação deste poder como se dá a relação deste com as classes mais altas, ou melhor dizendo, pelos indivíduos que teriam uma posição de poder devido a estrutura social da sociedade em questão, pelo seu caráter escondido e de confidencialidade, como se estivesse burlando algo, pois está de certa forma, burlando algo que eles mesmo teriam criado, ser visto como vulgar ou obsceno, parece ter uma maior intensidade culposa no subconsciente do que no caso ser de uma comunidade popular.

De alguma forma, as ações sexuais que ocorrem na obra em questão estão caracterizadas no enredo, como da classe alta da sociedade brasileira. Um dos enredos que talvez se caracterize como uma forma violenta de repressão social e uma classe social mais baixa é a história que se configura pelo "jegue", que se inicia pelo interlocutor classificando a mulher de forma ultraterrena, como se ela fosse um Deus a ser venerado, mas que pela descoberta de que ela estava com outro — mesmo o interlocutor não tendo uma relação com ela — a sua atitude se caracteriza como conhecida por toda a sociedade da sua cidadezinha pacata, o que faz com que o interlocutor além de ter raiva dela, o que motiva a violência, também começa a vê-la de outra forma, que unifica toda e qualquer visão pejorativa da sociedade sobre uma mulher.

Apesar das diferenças de gênero que não podemos deixar de lado durante toda esta análise, o que caracteriza a violência da mulher, que tem não só a ver com sua classe social, mas com sua posição biológica na sociedade ocidental e de objeto sexual para suprir as necessidades masculinas, ou por ter que obedecer e não ter vontade própria. Que é, de alguma forma, um dos motivos para o interlocutor ter raiva dela, porque não aceita seu sexo e o rejeita e não era isso que ela deveria fazer, ela não pode ser uma pessoa livre que toma as próprias decisões e é sincera, sendo interpretada como "grossa" ou não, ela está tomando uma decisão própria, tendo uma preferência que não é o que se espera dela.

A intenção do Abel de contar esta história para Lori Lamby pode ser interpretada como uma forma de denunciar suas ações, pelas coisas que a menina contou a ele, como uma forma de dizer implicitamente, que ela é apenas e exclusivamente dele e, caso contrário, ela será punida da mesma forma que na história ou não. Parece que estamos permeando entre a obra artística e a realidade social em que ela retrata, com diversas particularidades que se chocam de forma bivalente, permeando as questões de classe, gênero e poder, que se inter-relacionam em uma dialética.

Há um controle sexual pelo corpo de uma menina, além de ser uma criança, um controle como se Lori fosse o mesmo que os "brinquedos", consolos, *toys* ou entre outros, que GREGORI (2016), identifica como seres inanimados que estão para servir os indivíduos sexualmente, o que neste caso ocorre ao contrário, tornando um ser vivo em ser inanimado.

Lori Lamby, sem perceber e por sua relação com Abel, torna-se um ser inanimado, um objeto que vive pela atração de outros objetos (pensando nos presentes que o tio dá a ela), além de ser uma espécie de criada, assim como é o caso dos objetos vendidos em *sex shop*, que chegam até a serem nomeados, o que pode ser a mais tênue relação entre o caso do conto com a relação social com os objetos sexuais.

Parece-nos que esta objetificação, esta transformação mercadológica de uma menina, uma criança, que é o símbolo de fragilidade de nossa sociedade, em que se dá o resultado das relações de gênero, classe e poder no enredo retratado pelo conto, da relação sexual dos que seriam os personagens principais do conto.

Este movimento de relação de gênero, classe e poder, parecem estar mesclados em todas as características e especificidades que se identificam em relação à sexualidade, mas sobretudo nas suas formas que a tornam, aos olhares dos indivíduos, em obscenidade e vulgaridade, sendo estes termos pejorativos em sua essência, a relação ao que estão especificando. Ou seja, entramos em um contínuo paradoxo, em que para classificar formas sexuais, as identificam por termos pejorativos.

É como se fosse um círculo contínuo, em que, para entendermos melhor o exemplo, a relação de Lori Lamby com o tio Abel tem um enredo de superioridade, estabelecido pela relação de gênero, por ser um homem e uma mulher, de poder por ser um adulto e uma criança e de classe social, por ele ter capital e ela não; todas estas relações se mesclam em uma contínua "bola de neve" metafórica, que cresce a cada instante, tornando esta relação vulgar, pois é errada socialmente por conta da pedofilia explicitada, junto com a obscenidade, que mesmo sendo um termo um pouco menos pejorativo em sua origem, caracteriza melhor as relações dos personagens, assim chamar de vulgar, acaba espremendo a bola de neve e apenas explicitando a relação de classe (mesmo que no uso comum do termo, acabe tendo uma aproximação efetiva à obscenidade), torna-se obscenidade, por conta de estar contido nelas e é aí que a bola de neve consegue rodar e crescer, por ser obscenidade, pelo contexto sexual e ser vista como tal, pelo mesmo motivo. Mas o que vale marcarmos neste ponto é que depende destas formas e não serão todas as relações sexuais que tem todos estes pontos em que as torna obscenidade[30].

Toda essa obscenidade torna Lori Lamby um objeto, como estes variados que vemos em estantes de *sex shop*, como talvez, um exemplo mais claro, uma boneca inflável que o homem utiliza para seu bel prazer e depois não quer dividir, pode acabar até dando-lhe um nome, para humanizá-la, mas isso porque ela é uma "serva", assim como a menina, que é da mesma forma este objeto, que está para servir sexualmente ao seu tio e pela forma que ele age, somente a ele e a mais ninguém.

Mapa Conceitual 2

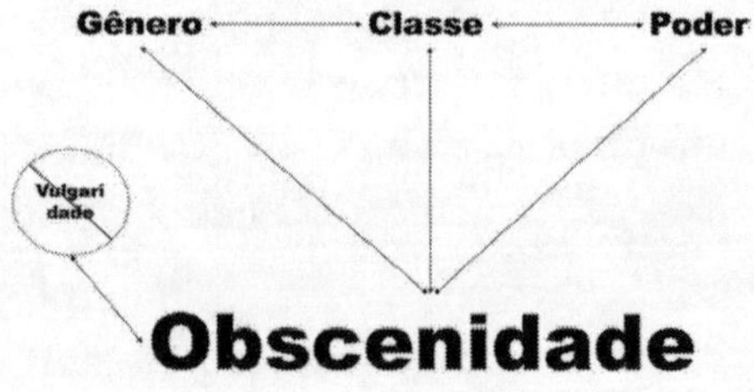

Figura 18: Mapa conceitual 2. Fonte: Mapa criado pelo autor.

Podemos observar como está exposto no Mapa Conceitual (2), que a vulgaridade tem uma relação próxima à obscenidade, que resulta na forma direta da sexualidade exposta em três níveis sociais na questão de gênero, classe e poder. É dependendo desta relação que elas à definirão como tal.

[30] Não acredito ser pertinente no decorrer desta análise o uso do termo vulgaridade, que definimos como uma clara e efetiva definição em sua essência proveniente da relação de classe social, o que não se faz pertinente o uso para responder ao que temos a intenção neste caso.

O que podemos concluir, observando esse Mapa, é que a caracterização que a sociedade dá à forma obscena da sexualidade sempre dependerá de uma questão de gênero, classe e poder, sendo a partir destes termos que algo será classificado e julgado como tal, não dependerá de espaço físico ou um habitat próprio, não há um lugar para se expor sexualmente, mas uma projeção inter-relacional entre os indivíduos que convivem em um determinado espaço social.

Este Mapa configura o que a autora Carla Akotirene (2020) em sua obra, *Interseccionalidade*, caracteriza como inter-relação entre o racismo, gênero e outros temas sociais, que sempre estão envolvidos entre si, dando luz a afirmação de que quando se fala de um tema social, seja ele qual for, sempre terá uma interseccionalidade com duas ou mais classificações que se interagem constantemente.

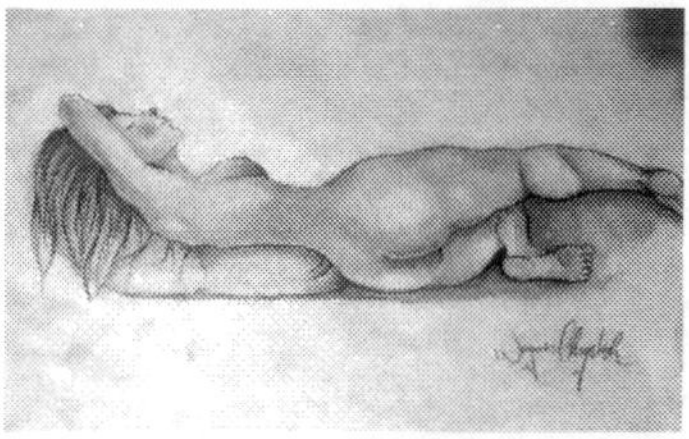

Figura 19: Deitada.

É por esta interseccionalidade que se configura a relação de quando os indivíduos classificam uma sexualidade como obscena ou não, sendo por meio deste movimento de conceitos interligados e circularmente movimentados em volta do tema da sexualidade que as pessoas acabam dando seus diversos julgamentos, estes que vão além de apenas chamar de obsceno, pois, como percebemos muitas vezes, até os personagens principais do ato são caracterizados de forma pejorativa.

Para vermos que a imaginação de uma menina de cinco anos, como acaba abalando não só as visões morais dos personagens que acabam tirando ela de casa, por achar sua intenção de salvar a vida do pai, um escritor falido, como algo que não devia ser feito por uma criança e de como nossa ultra proteção às crianças nos acaba não fazendo discutir sobre os problemas sociais que elas passam em nosso mundo, mas apenas tentando subtrai-los como fazemos com os problemas psicológicos e sociais de nós mesmos, pois é muito mais fácil excluir um problema ou abandonar a criança dele do que refletir e resolvê-lo.

Não imaginava que a visão das pessoas de exclusão da pornografia e erotismo poderia em grande medida se tornar algo que tivesse resultados catastróficos como temos hoje, em que a pedofilia é uma anomia social pela qual preferimos deixar a criança longe ao invés de ensiná-la diretamente que existem adultos "maldosos" que irão querer tocar no corpo dela e que ela não pode deixar.

A obscenidade e a vulgaridade devem ser subtraídas para que estes problemas sociais sejam sanados, além disso, para que possamos ter uma vida sexual mais ativa e mais sincera entre os seres que a praticam, pois desta forma o conhecimento do próprio corpo e dos outros, será mais fluido e muito mais claro. O sexo e a nossa sexualidade não são algo a ser excluído, mas sim a ser incorporado e que poderá sanar de alguma forma diversas questões pelas quais ainda temos como problema ou anomia de nossa sociedade em questão.

Conclusão

O que devemos entender com o que foi explanado durante toda esta obra é que o erotismo e a pornografia, em sua essência, não são proibidos, mas que há um domínio por sobre atrelado, consequentemente, uma vigilância da sexualidade, que por si só, é o que acaba caracterizando-a como obsceno e proibido na estrutura da sociedade ocidental e, portanto, para a sociedade brasileira.

Voltemos ao exemplo de um indivíduo vendo um vídeo pornô em seu celular em plena praça pública, em que tal evento se caracteriza como obsceno na mais clara das análises do termo, pois é ao olhar da lei, um atentado ao pudor, ao olhar das pessoas algo fora de conformidade e ao mesmo tempo até aterrorizador, que se deve suprimir para proteger as crianças que passam por lá. Como se uma criança, que não sabe nem um pouco ainda da cultura e costumes sociais visse o ato e de pronto, tivesse o mesmo julgamento que um adulto que tem uma carga social muito maior.

A criança, além de não entender, pensaria que é algo da convivência cotidiana, só perceberia que não o é, caso um adulto lhe mostrasse através de palavras ou atitudes, pois isso não é uma questão ou uma explicação plausível para esta conclusão em questão. Talvez, uma explicação que se faz necessária, é a de que se aprende sobre sexualidade com a família, é algo que se interage primeiro em relações sociais micros, não no sentido do indivíduo, mas de suas relações mais próximas, as por assim dizer dos familiares.

É com o pai ou a mãe, sejam elas biológicas ou não, que se estabelece a relação do indivíduo tanto com outras pessoas, quanto com a sexualidade, são os primeiros seres masculino e feminino, no âmbito biológico e do padrão social que o indivíduo conhecerá o sexo, será por meio deles que fará comparações com o seu próprio corpo. Mas esta ideia ainda é muito a quem, pois atualmente existem filhos de pais homossexuais que sempre acabarão não conhecendo um dos sexos, o que torna necessária a expansão da ideia social de família.

Figura 20: Grupal.

Independentemente de quem seja, sabemos que será o indivíduo adulto mais próximo do menor que lhe mostrará o mundo, tanto das ideias, quanto o mundo carnal; será ele quem mostrará que alguém realizando prazer sexual em meio a uma praça pública é algo errado. Mas como a criança irá interpretar a atitude do indivíduo na praça dependerá de como essa criança se identificará sexualmente, masculino, feminino ou outras identificações existentes.

Ou seja, de alguma forma, o nascimento do conhecimento sexual pessoal se mantém em espaços fechados e familiares, não se expandindo para toda a sociedade, isso, talvez, porque a nossa sociedade pensa família como algo separado do grupo inserido numa cidade urbana, por isso, os indígenas andavam nus e ainda o fazem, pois a aldeia e todo o espaço social em que vivem é a sua família. Esta é a diferença que devemos marcar para ser suficiente a caracterização de como vivemos em nossa sociedade patriarcal.

Não expandimos nossa sexualidade para as outras famílias em um âmbito da estrutura social de uma cidade, de um continente ou até de toda a sociedade ocidental; assim como os indígenas, mantemos nossa relação sexual ao lado das pessoas mais próximas a nós mesmos.

A caracterização de errado, de se realizar a nudez em praça pública, está em primeira instância, ligado diretamente à forma de vida, pois se estivermos em nossas casas ou no convívio familiar, ela, muitas vezes, é aceita, seja por familiares consanguíneos ou não, como casais que se amam, por exemplo. No caso dos casais, ainda se acrescenta o ponto de que, se um deles realizar o auto prazer, terá uma inversão de visão caso seja em praça pública, sendo possível um desfecho bem diferente do que o seu encarceramento, muito pelo contrário, seria provável que o parceiro ajudasse ou até terminasse em uma relação sexual propriamente dita.

No âmbito familiar, o controle sexual se estabeleceu por meio do incesto, controle para que pais e filhos não tenham entre si relações sexuais, estas que logo depois se caracterizaram pela vigilância plena pela proteção das crianças; crianças que ainda não tem o conhecimento social e corporal ainda nos moldes sociais da sociedade em que vivem, mas que com o tempo, estes moldes são concretizados.

Em se tratando do caráter histórico da proibição sexual, assim como nos mostrou em seu livro, *História da sexualidade*, Michel Foucault (1999), na história, todos os controles do sexo perpassaram por um controle de classe, em que tudo aquilo que era realizado antes de que se disseminasse para toda a sociedade, era, anteriormente, controlado pela nobreza e em outro momento pela burguesia.

A burguesia utilizou e utiliza diversas formas de dominação do sexo, que ainda bebendo das análises de Michel Foucault (1999), veio da dominação de gênero, por meio do controle social e familiar das ações do sexo feminino, devido ao caráter patriarcal de nossa sociedade ocidental, onde a burguesia precisava de um ser que pudessem dominar e que satisfizessem suas necessidades mais primitivas, claro que é algo que se tornou transparente para todas as outras classes.

Pensando nas posições privilegiadas daqueles que se colocam em uma superioridade, seja ela política, social e econômica, além disso, dentro da família, a forma de dominação que caracterizamos, teria nascido por meio de um controle patriarcal para a forma que agem as mulheres, com diversas regras, criadas pelos próprios homens, que perpassa tais regras para uma forma mais ampla, que se desenvolve como uma vigilância social abrangendo todas as classes sociais e indivíduos que fazem parte da sociedade.

Parece haver na sociedade ocidental, e mais especificamente na brasileira, uma ordem de poder em que o corpo é controlado e, portanto, é controlada a forma pela qual se deve utilizá-lo, este que se concretiza com o apoio de instituições tanto políticas quanto biológicas.

É com a medicina que o poder biológico sobre o corpo se aflora, com as diversas doenças, que por mais que seja algo a se preocupar, não deve ser motivo de controle, deve-se cuidar, utilizar as medidas necessárias, mas sem deixar que elas infrinjam a liberdade corporal e sexual.

Só podemos pensar o obsceno e o sexual, correlacionados entre si, para a pura análise de sua expressão, que transcende os espaços fechados e as formas bi relacionais dos indivíduos, tornando-se ultraterrena transpassando a individualidade e, também a corporificação social, resultando em uma conclusão social, que permeia a sociedade como um todo.

Ou seja, o caráter sexual se transforma ao estar na essência da pornografia e do erotismo, não só por escancarar as formas proibicionista do corpo social, mas — como vimos anteriormente — por ser transgressor à ordem pré-estabelecida, buscando artimanhas para ser difundido. Forma essa que o torna mais chamativo e acolhedor, tornando-nos uma criança se aventurando ao que os adultos proibiram.

Assim, suficiente dizer que a sexualidade é um dos pontos centrais para caracterizar o erotismo e a pornografia como formas distintas de expressá-la, seja de forma pessoal, social ou artístico cultural, pois, por mais que os termos tenham diversas características, é esta que historicamente se estabelece como "obscena". Desta maneira, o caráter obsceno se estabelece pela relação histórico social da sociedade em questão, por ser identificado um conflito de poderes, que se estabelece de forma específica, ocultando as obras e produções mercadológicas que tenham explicitamente o sexo em sua composição.

Este caráter escondido das obras, está em todas as questões que se relacionam, até mesmo no *sex shop*, que sempre se configura como um lugar fechado, para que as pessoas não percebam o que é, com uma luz *neón*, que muitas vezes é pequena, para que apenas quem realmente a está procurando, possa identificá-la.

A maneira de deixar oculta, que comentei, é a forma que identificamos como procedente de uma relação marxista de classe, em que a elite, que cria a vigilância e proibição, classifica todo tipo de ato explicito de "vulgar" para que haja uma separação dos atos, que eles mesmos praticam, mas que estabelecem como implícitos ao todo da sociedade para que consigam escapar da sua própria vigilância. Por isso há diferenças entre as produções e realizações em bairros ricos e em bairros pobres das cidades.

Para a análise, perpassamos uma dialética entre os conceitos de classe social, poder e pela ideologia de gênero, que parecem, por sua relação com a sexualidade, serem conceitos principais para o movimento de vigilância e proibição social, ao erotismo e à pornografia.

Voltemos ao exemplo principal desta obra, com o indivíduo sentado em uma praça se estimulando sexualmente como se, dentro do celular, estivesse em um lugar fechado, podemos caracterizar e perceber, pela relação do andamento da análise, que ele será reprimido por estar na praça, não por conta do ato em si, mas por sua relação, pois não podemos entender o ato em si, apenas pela atitude individual, mas por todo um contexto em que ele está inserido dentro do espaço social, seja de noite, em uma praça familiar de classe alta, ou em uma de classe baixa, em uma praça de jovens, a noite, com árvores que escondem onde e como estão espalhadas as pessoas. Todos estes fatores e entre outros, são fundamentais, para identificarmos o motivo pelo qual e como a pessoa receberá ou não repressão e/ou coação social.

Identificamos no desenrolar da análise, que não é em si a pornografia ou o erotismo propriamente dito que são proibidos, mas o seu caráter sexual, que minimamente em alguns momentos o definem atrelado à sexualidade, esta que para agir como coação sobre o indivíduo, deve depender de diversos fatores, que no caso do exemplo apresentado, não se dá independentemente do indivíduo, mas seu contexto e entorno social, que farão com que as pessoas ao seu entorno hajam de diversas formas, sobre tudo a que estamos a responder, que é a de vigilância e repressão.

A repressão e vigilância se darão concomitantemente por sobre o indivíduo de forma a reprimi-lo, como um transgressor, alguém que está fazendo algo não só fora do comum, mas como possível de desestruturar a ordem pré-estabelecida histórica, política e socialmente.

Os termos pornografia e o erotismo são proibidos quando há transgressão na ordem pré-estabelecida da sociedade, em seu caráter sexual, quando transmitem uma ruptura, que pode transformar esta ordem ou não, vai depender de sua aceitação por todos os indivíduos em todas as suas características, pois são as posições de poder que causam as mudanças, sejam estas econômicas ou políticas. Ou seja, é dizer, que podemos atuar como quisermos diante ao sexo, não há algo independente, em cada indivíduo, que o impeça, o que ocorre é a partir de uma relação social, com dois ou mais indivíduos, aí este terá que seguir as regras e será coagido pelo subconsciente ou pelos indivíduos.

Todas as sociedades têm uma organização social e cultural estabelecida pelo "tabu do incesto", assim como observamos na análise, por isso, a proibição da sexualidade se estabelece além de um poder, uma especificidade da cultura ocidental e da cultura brasileira, que a diferencia de outras sociedades, é por meio dessa relação, estruturada em conjunto com a ideia biológica de família e os diversos controles sociais, que as características específicas dela são estabelecidas.

Claro que não basta dizer que o poder e a vigilância como se dão na sociedade brasileira, para o controle da sexualidade e dos atos sexuais, seja algo "normal" de uma sociedade, como se ter uma visão pejorativa dos indivíduos que escapam e transgridem esta ordem, possa ser justificada intelectualmente, o que estou mais próximo de dizer que é um resultado social do poder e controle por sobre os indivíduos, por ser uma "anomalia" social, uma atitude que se estabelece por um confronto, entre aqueles que se regram e se mantém pela ordem, sem se preocupar psicologicamente, com aqueles que transgressivamente transformam a estrutura social em relação ao sexo.

> [...] Conhecer e defender as minorias sexuais (aquelas que adotam as práticas menos valorizadas ou até proibidas) corresponde à tentativa de expandir as fronteiras do que é aceito pela legitimação social de que o prazer não apenas libera como emancipa. Nesse caso, é feita uma aposta na capacidade de transgressão que essas práticas sexuais não sancionadas têm na contestação de normas de sexualidade e gênero e na criação de novas identidades coletivas. (GREGORI, p.185, 2016)

As práticas sexuais, por mais que tenham um limite dado, que anteriormente não eram impostos e até mesmo eram ignorados, há, da mesma forma, uma transformação nestas, que às torna algo corriqueiro e normalizado, sem ser caracterizado como obsceno; é o caso, por exemplo, das danças, principalmente o samba, que antes era visto como algo pejorativo e cheio de obscenidades, o que para os dias de hoje, não se configura, até porque, em meio ao carnaval, normalmente são filmadas as mulheres nuas com o corpo pintado com uma tinta especifica para isso.

Este movimento parece ser contínuo e transparente para uma sociedade onde há pessoas transgressoras às leis elaboradas pelo tabu do incesto na cultura brasileira. Ou seja, caso não haja mais transgressores, não haverá mais mudanças na cultura e na ordem social, o que tornará os seres que neles residem em robôs construídos apenas para agir de uma única forma.

Além disso, essas práticas, são emancipadoras, pois são protagonizadas por pessoas à margem da sociedade, o que as configuram como "vulgares", por pertencerem a uma classe social baixa, por sofrerem racismo e por serem homossexuais, suas atitudes, ainda hoje, são vistas como vulgaridade, como por exemplo, duas pessoas do mesmo sexo, sejam elas negras ou brancas (obviamente se forem negras o preconceito se intensifica com o racismo), não serão aceitas, ou a desaprovação será mais intensa do que se for um casal hétero. Por isso, as práticas e atos, tanto dos blocos de carnaval de rua, quanto da parada gay, ou até os bailes funk, são espaços permeados de transgressão sexual que abalam a ordem pré-estabelecida, por isso, as classes sociais mais altas, se movimentam para que estes sejam reprimidos, tanto pelo Estado, quanto por elas mesmas. E é neste sentido, que me consta afirmar, que a pornografia e o erotismos são expressões corporais de luta e transgressões em diversos âmbitos.

Portanto, podemos concluir que as obras eróticas e pornográficas são transgressoras em sua essência por abalarem a estrutura social e cultural da forma como os indivíduos lidam com a sexualidade, mesmo com as diversas estratégias que a sociedade estabelece para manter a sua estrutura. Estas formas de arte e expressão do corpo, continuam incessantemente mudando a forma que as pessoas lidam com a sua sexualidade, apesar da sociedade sempre buscar novas formas de repressão, estas formas transgressoras estão a cada dia abalando e reorganizando as "normalidades" sociais.

Referências

AKOTIRENE, Carla, Interseccionalidade. São Paulo: Editora Jandaíra, 2020. (Feminismos plurais)

ARAÚJO, Nabil, Que fim levou a teoria da crítica literária? E O sequestro da crítica na teoria literária (à) brasileira. IN: A crítica literária e a função da teoria reflexão em quatro tempos. ARAÚJO, Nabil, org. Belo Horizonte: FALE/UFMG, 2016.

BATAILLE, Georges, O interdito e a transgressão. IN: O erotismo. —1ª Ed. — 2ª reimp. — Belo Horizonte: Autêntica Editora, 2017.

BIROLI, Flávia, O debate sobre a pornografia. IN: Feminismo e política: uma introdução. MIGUEL, Luis Felipe, BIROLI, Flávia. São Paulo: Boitempo, 2014.

BOZON, Michel, Sociologia da sexualidade, Editora FGV, Sociologia da sexualidade, Editora FGV, Rio de janeiro, 2004.

CANSECO, Beto, Sobre Eros e sua força subversiva: carta a quem quiser mudar o mundo. IN: AMBRA, Pedro, (org.), as subversões do erótico. São Paulo: Editora Bregantini, 2022. (Coleção Ecos,3)

CANDIDO, ANTONIO, A literatura e a vida social. IN: Literatura e sociedade. — 9ª Ed. — Rio de Janeiro: Ouro sobre azul, 2006.

CARPIO, Guillermo Valdivia, Néstor Batanero. 2011.

CECCARELLI, Paulo Roberto, Sexualidade e preconceito. Revista latino-americana de psicopatologia fundamental, 1999.

COSTA, Roaleno, Arte, cidade, erotismo e pornografia. Salvador, Revista Cultura Visual, 2008.

DULCI, Pedro, Identidade e sexualidade: reformando nossa visão de conceitos fundamentais, Editora Monergismo, Brasília, 2020. [ebook]

DURKHEIM, Émile, As regras do método sociológico. IN: Os pensadores XXXIII. São Paulo: Editora Abril, 1973.

ECO, Umberto, A definição da arte. Rio de janeiro: RECORD, 2016.

FOUCAULT, Michel, A hipótese repressiva. IN: História da sexualidade I: A vontade do saber. — 13ª Ed. — Rio de Janeiro: Editora Graal, 1999.

FOUCAULT, Michel, Erótica. IN: História da sexualidade II: O uso dos prazeres. — 8ª Ed. — Rio de Janeiro: Editora Graal, 1998.

FOUCAULT, Michel, Moral e prática de si. IN: História da sexualidade II: O uso dos prazeres. — 8ª Ed. — Rio de Janeiro: Editora Graal, 1998.

FOUCAULT, Michel, O corpo. IN: História da sexualidade III. — 8ª Ed. — Rio de Janeiro: Editora Graal, 2005.

FOUCAULT, Michel, Poder-corpo. IN: Microfísica do poder. — 13 ed. — Rio de Janeiro: Editora GRAAL, 1979.

GREGORI, Maria Filomena, Prazeres perigosos: erotismo, gênero e limites da sexualidade. São Paulo: Companhia das letras, 2016.

GREY, Sasha, Juliette society. Rio de Janeiro: LeYa, 2013.

HALL, Stuart, A identidade em questão. IN: — A identidade cultural na pós-modernidade, Rio de Janeiro: DP&A Editora, 2006.

HAN, Byung-chul, Pornografia. IN: Agonia de Eros. Petrópolis: Vozes, 2017.

HAN, Byung-chul, Topologia da violência. Petrópolis: Vozes, 2017.

HILST, Hilda, Pornochic. — 1ª Ed. —Editora Globo: Rio de Janeiro, 2014.

LAPEIZ, Sandra Maria, MORES, Eliane Robert, O que é pornografia. São Paulo: Editora Brasiliense, 1984. (128-Coleção Primeiros Passos)

LEBRUN, Gerard, O que é poder. São Paulo: Editora Brasiliense, 1981. (351-Coleção Primeiros Passos)

LENIN, Vladimir Ilich, As classes sociais e o Estado. IN: Estado e revolução, São Paulo: Expressão popular, 2007.

LÉVI-STRAUSS, Claude, As estruturas elementares do parentesco. Petrópolis: Vozes, 1982.

LOURO, Guacira Lopes, Org., O corpo educado pedagogia da sexualidade, Editora Autêntica, — 2ª ed. —, Belo Horizonte, 2000. [ebook]

MAINGUENEAU, Dominique, O discurso pornográfico. São Paulo: Parábola Editorial, 2010.

MIOTTO, Lucas, O que há de errado com a pornografia? FUNDAMENTO — Revista de Pesquisa em Filosofia, 2012.

MORAES, Eliane Roberts, As faces espelhadas de Eros. IN: Ter sido, estar sendo Hilda Hilst, Revista Cult, 233, 2018. [ebook]

NEYRA, Xulio Parde de, Literatura y pornografía vs erotismo y literatura: hacia una semiótica de la obscenidad. Revista Signa, 2017.

NIN, Anaïs, Delta de Venus: Histórias eróticas. Editora L&PM: Porto Alegre, 2006.

POLAR, Antonio Cornejo, Para una agenda problemática de la crítica literaria Latinoamericana: diseño preliminar. IN: Sobre literatura y crítica Latinoamericana, Ediciones de la facultad de humanidades y educación, Universidad Central de Venezuela, 1982.

RUBIN, Gayle, Pensando o sexo. IN: Políticas do sexo. São Paulo: Ubu Editora, 2017.

SALGADO, Andrés, Sexy. Bogotá: Editorial 531, 2016.

SCRUTON, Roger, Fenômenos sexuais. IN: Desejo sexual – Uma investigação filosófica. Campinas, VIDE Editorial, 2016.

SOUZA, Jessé, A elite do atraso: da escravidão à Lava Jato. Rio de Janeiro: Leya, 2017

TASSO, Valérie, Diário de uma *ninfomaníaca,* um relato real. São Paulo: Planeta, 2015.

VATSYAYANA, Kama sutra. — 6ª Ed.— Rio de Janeiro: Ediouro, 1997.

Artigos de jornal digital

BORGES, Luciana, Sobre a obscenidade inocente: O caderno rosa de Lori Lamby, de Hilda Hilst. OPSIS, Revista do NIESC, Vol. 6, 2006.

CHAGAS, Inara, Como o funk surgiu no Brasil e quais são suas principais polêmicas? Blog Politize, 2018. Disponível em: <https://www.politize.com.br/funk-no-brasil-e-polemicas/>, acessado em 14/05/2021.

CORRALES, Johana, Andrés Salgado, un libretista de pies a cabeza, EL universal, 2015. Disponível em: <https://www.eluniversal.com.

co/suplementos/facetas/andres-salgado-un-libretista-de-pies-cabeza-181649-BVEU279019>, acessado no dia 24/04/2021.

MELLO, Igor, Caso Henry: Câmara iniciará processo de cassação de Jairinho na segunda, Uol-Política, 2021. Disponível em: <https://noticias.uol.com.br/politica/ultimas-noticias/2021/04/21/caso-henry-camara-iniciara-processo-de-cassacao-de-jairinho-na-sexta.htm>, acessado no dia 22/04/2021.

SAHUQUILLO, María R., É proibido pagar por sexo na Suécia, França e outros seis países, El país, 2016. Disponível em: <https://brasil.elpais.com/brasil/2016/04/07/internacional/1460050306_463588.html>, acessado no dia 22/04/2021.

SOARES, Alefy, Banheirão: Conheça a "moda" que está gerando polêmica nos banheiros do Brasil, Revista Subjetiva, 2018. Disponível em: < https://medium.com/revista-subjetiva/banheir%C3%A3o-conhe%C3%A7a-a-moda-que-est%C3%A1-gerando-pol%C3%AAmica-nos-banheiros-do-brasil-98e52d3f5f1a>, acessado no dia 10/05/2021.

VESPA, Talita, Surfistinha: "Jamais me prostituiria de novo. Não tolero mais homem fedido", Universa/UOL. <https://www.uol.com.br/universa/noticias/redacao/2019/05/24/10-perguntas-bruna-surfistinha.htm>, acessado no dia 27/04/2021.

WEBER, Demétrio, Prostituição é forma mais lucrativa de exploração, O Globo, 2005. <https://www2.senado.leg.br/bdsf/bitstream/handle/id/390019/noticia.htm?sequence=1&isAllowed=y>, acessado no dia 22/04/2021.

ZEREGA, Georgina, 'Only Fans' aproxima milhares de jovens da prostituição na América Latina, El país, 2020. Disponível em: <https://brasil.elpais.com/sociedad/2020-12-06/only-fans-aproxima-milhares-de-jovens-da-prostituicao-na-america-latina.html>, acessado no dia 22/04/2021.

Sites

<https://www.cedefes.org.br/ativistas-iniciam-boicote-contra-marcas-de-cafe-ligadas-a-empresa-que-esta-por-tras-de-despejo-no-quilombo-campo-grande/>, acessado no dia 20/04/2021.

<https://www.dicio.com.br/obscenidade/>, acesso no dia 26/04/2021.

<http://www.hildahilst.com.br/blog/quem-tem-medo-de-hilda-hilst#:~:text=Durante%20muito%20tempo%20a%20obra,perturba%C3%A7%C3%A3o%3A%20a%20falta%20de%20leitores.&text=Uma%20delas%20%C3%A9%20a%20an%C3%A1lise,frequ%C3%AAncia%20na%20produ%C3%A7%C3%A3o%20de%20Hilda.>, acessado no dia 28/04/2021.

<https://www.ibm.com/blogs/ibm-comunica/datajam-online-na-america-latina-tem-foco-na-luta-para-reduzir-o-trafico-de-pessoas/>, acessado no dia 04/05/2021.

<https://www.dicionarioinformal.com.br/masculinidade%20fr%C3%A1gil/>, acessado no dia 10/05/2021.

<https://www.dicio.com.br/vulgar/>, acessado no dia 14/05/2021.

<https://www.em.com.br/app/noticia/internacional/2018/05/18/interna_internacional,959800/casos-de-pedofilia-cometidos-por-membros-da-igreja-catolica.shtml#:~:text=Um%20dos%20casos%20mais%20not%C3%B3rios,d%C3%B3lares%20para%20500%20supostas%20v%C3%ADtimas.>, acessado no dia 17/05/2021.

Biografia

Nascido em São Paulo (SP) Brasil no dia três de janeiro de 1995, passando as férias na cidade natal de sua mãe, Casa Branca (SP), conheceu duas realidades de vida: a da capital paulista e a do interior do Estado. Mudou de colégio aos seis anos, passando treze anos no colégio Equipe onde aprendeu várias formas de olhar o mundo.

Lá conheceu Raymundo Campus, orientador da monografia de final de curso que analisa e compara a ditadura do Chile e a do Brasil, que lhe mostrou a importância do estudo e da pesquisa, inspirando-o e fornecendo a base necessária para a criação do seu primeiro trabalho acadêmico, levando-o a um intercambio para aprimorar o espanhol na escola internacional de línguas (COINED) em Santiago do Chile, onde colheu rico material para o desenvolvimento de sua monografia.

Em 2014 começa a realizar viagens para diversos países da América Latina que lhe dão base e conhecimento pessoal além de realizar um de seus maiores sonhos acadêmicos: ser especialista em América Latina e divulgar todo seu conhecimento através do seu site . Em 2015 ingressa na Fundação Escola de Sociologia e Política de São Paulo no curso de graduação de Ciências Sociais. Em 2016 lança sua primeira obra literária, *Os cinco anciãos*, pela Editora Shoba, obra de ficção que o leva à vida de escritor. Em 2018 gradua-se como Cientista Social, e passa a produzir artigos para a Rádio Interativa de São Paulo. Em 2019 ingressa como aluno especial no programa de pós-graduação da Universidade de São Paulo (PROLAM na ECA), lança sua segunda obra literária, *As meninas da rua Augusta*, pela editora Viseu.

Seu artigo Identidade latino-americana e brasileira: semelhanças e diferenças é publicado pela Revista Alabastro, e dá início a sua carreira como colunista e pesquisador.

E em 2020, publicou novamente pela Editora Schoba o livro, que complementa o enredo de sua primeira história publicada, contando a história de uma das personagens que mais lhe deu intimidade, intitulada: *O salvamento feminino.* Fez parte, durante um dos momentos mais tensos de sua história, de um livro que, através de poemas e prosas, aborda o sentimento dos autores durante a quarentena na pandemia da Covid-19, no livro Quarentena: memórias de um país confinado, pela Chiado Books, onde ele se aventurou a fazer seu primeiro poema. Ainda no mesmo ano publicou sua mais importante obra, técnico social, analisando o racismo na sociedade brasileira, obra publicada pela Editora Kotter: *Racismo e relações sociais brasileiras.*

No final do ano de 2020 se tornou professor de espanhol passando a lecionar aulas particulares e de forma virtual, criando suas próprias apostilas, unificando tudo que sabe sobre história, sociologia e antropologia. Procura transmitir aos seus alunos não só o conhecimento da língua como também o seu amor pela América Latina que conquistou seu coração desde 2012.

Em 2021 inicia sua especialização em Educação e Cultura pela FLACSO Brasil – Faculdade Latino-americana de Ciências Sociais. Publica dois artigos, o primeiro pela Editora Atena, intitulado: *Consumo de reggaetón antes y después de Despacito por parte de los brasileños.* O segundo em conjunto com Ricardo Oliveira, intitulado: EAD: UM NOVO MÉTODO DE APRENDIZAGEM OU DEFASAGEM NO ENSINO? Publicado pela Editora Inovar.

No ano de 2022 publica seu artigo no anal de eventos de sua universidade de graduação, a Fundacao Escola de Sociologia e Política de São Paulo, *A sexualidade masculina em uma educação emancipatória*, que também foi apresentada em uma aula remota da FLACSO BRASIL.

Hoje é colunista do Pragmatismo Político onde escreve sobre diversos temas entre política, sociologia, cultura e principalmente sobre os acontecimentos da América Latina.

pólen bold 90 gr/m2
tipologia garamond
impresso na primavera de 2022